大展好書 好書大展

大展好書 好書大展

率領「美國佛教宏法中心」居士們拜訪洛杉磯的西來寺

1994年４月作者在台北宏法

心靈雅集
55

阿闍世的悟道

定方晟／著
劉欣如／譯

大展出版社有限公司
DAH-JAAN PUBLISHING CO., LTD.

吳伯雄序

我是個佛教徒，公務餘暇，愛看些佛書。可惜，許多佛書深奧難懂，不易體悟佛法的精髓，幸好，有些佛書比較深入淺出，非常生活化，讓人能解易懂，而旅美佛教作家劉欣如居士的暢銷作品也是其中之一。

劉居士作品的最大特色，除了淺顯踏實，還剖述自己的生活體驗，以及報章雜誌的情報資料，反映佛理不是談玄說妙和人云亦云的民俗信仰，而的確有他殊勝的地方，例如因果業報、緣起思想、無常無我等觀念，都能印證在人間，讓人明白佛法不離世間法，跟我們的日常生活是息息相關的，所以，若能用佛法來理解人世間的問題，應該會有比較深入及比較客觀的體悟；同樣地，若能依佛法行事，則起心動念間，一舉手一投足，都會循規蹈矩，符合社會的需要。

這些年來台灣經濟繁榮，建設成功，已是不爭的事實，但是，這不表示國人生活得很充實、很幸福。根據報載香港一家調查機構，到亞洲九個國家做過一次調查：「你快樂嗎？」結果，卻意外地發現最先進、最有錢的日本人，列為最不快樂，其次為台灣人，菲律賓人反而最快樂、最樂觀。由此看來，豐富的物質享受並不是人生最大和最終的目標，精神層次的提昇與心靈空間的充實亦不可等閒，這項調查結果值得我們深思。

劉居士原籍新竹縣的客家人，目前僑居美國洛杉磯市，工作餘暇，熱心寫作弘法，已經出版的『佛教說話文學全集』、『佛法與神通』、『隨緣隨筆』、『行住坐臥有佛法』等膾炙人口，如今正為大展出版社寫作一系列佛教生活化、趣味化和淺顯化的暢銷作品，希望接引初學佛的人。

同屬佛教徒，本著三寶弟子的信念，雖然公務繁忙，也非常願意寫幾句話作為最簡單的序文，並願意早日讀到劉居士的作品出版。

中國國民黨
秘書長　　謹識

八十三年四月

目錄

四、解　說

一、阿闍世王的殘暴

某日，釋尊在舍衛國和祇園精舍對群衆說法……。

且說阿闍世王受到提婆達多的教唆後，有一天，他突然走入父王的深宮裏，手執寶劍，滿臉兇氣走前來。父王目睹愛子闖入，大吃一驚，不禁問道：

「你為什麼拿著劍站在那裏？」

「因為我有不平的事要說明。你有那麼多領土，卻不肯封賜一點給我，所以，你如不再封些土地給我，我就要殺你，自己即任王位，統治天下了。」

「你真敢這樣做嗎？這怎麼行呢？好，我就把瞻波城封賞給你吧！」

父王果然賜給他一座城的統治權了，他欣喜不已，雀躍地走訪提婆達多。提婆達多看見太子匆匆走來，不禁問道：

「怎麼啦，看你這麼得意，有什麼好事不成？」

「今天父王賜我一座瞻波城，可讓我以後自由統治，這樣，我便能充分供養聖者，所以才大喜過望。」

「難道你只得一座城、一塊地，就很滿足了嗎？」

「只好這樣。」

「你千萬不能安於區區一座小城，還得設法得到更多收入，和更大的統治權才對。」

提婆達多拼命地唆使他，替他出了許多鬼點子。

王子到了瞻波城，徵稅苛酷，指婢喚奴似地勞役百姓。因為老百姓不堪其重稅和苛求，便紛紛逃往王舍城和其他國家，只剩下極少數人肯住下來。有一次，留在城內的百姓，互相商量之後，相偕去向老國王訴苦：

「大王，太子向我們課重稅，百般虐待。許多人不得已紛紛遷居到外國。請大王務必阻止太子的暴行，替我們百姓解除苦難好嗎？」

老國王聽百姓的哭訴，馬上召見太子問話：

「聽說你在折磨老百姓，有沒有這回事嘛。」

「我要有相當經費訓練士兵，爲了增強國防建設，當然要加重稅收。」

「你若要擴張軍備，那麼，我除了王舍城以外，也可以把整個摩伽陀國交給你控制呀。」

太子得了一大塊封地，滿心欣喜跑來報告提婆達多說：

「聖者，我眼前除了王舍城以外，父王又賜給我整個國家的土地了。」

「這還不錯，但是，你仍得繼續加油。」

太子依然我行我素，對全國的老百姓增加稅收、加重勞役，拼命折磨他們。百姓忍受不了苛稅和勞役的苦難，又忍不住地向國王訴苦，央求他早日廢除重稅和暴政。國王又把阿闍世王子叫來呵斥一頓：

「你為何又在虐待全國老百姓呢？」

「因為兵員衆多，如果不加重稅收，我怎麼維持龐大的軍備呢？」

「既然有這種困難，那麼，我除了留下一個倉庫，也可以把其他倉庫，直到王舍城為止，統統交給你算了。」

「多謝父王。」

這時候，阿闍世王子幾乎統治了父王的絕大部份領土。於是，他走訪提婆達多，報告這個好消息。

「好極了，不過，這樣還不夠，你要掌握到所有倉庫，才夠資格當國王。因此，你一定要設法弄到國王的所有倉庫。」提婆達多又向王子出這個餿主意。王子對他的教唆，照單全收。為了儘量擴大自己和權勢，他不顧一切，又對王舍城的老百姓加更重的稅和勞役，使百姓痛苦不堪。

這時候，除了王舍城的百姓以外，還有瞻波城、摩伽陀國的居民，全都受不了王子的暴政，大家都悄悄地向老國王哭訴：

「太子給我們苦難和傷害太多了。以前，大王愛民如子，善待百姓，而今太子的暴政不是言語能夠說清楚，我們實在忍無可忍。請大王千萬要解救我們啊！」

國王生性仁慈，一向也都用正法治理朝政，如今聽到太子胡作非為，十分苦惱。他不能容忍愛子這樣胡搞下去，一天，便把太子叫來訓話：

「我已經把所有領土都交給你了，你怎麼還在騷擾百姓呢？他們全是我們的子女，你應該讓他們安居樂業才對。」

「因為我的倉庫還不夠哩。」

「既然如此，那麼，除了侍候我的宮人以外。其他全都給你好啦，不過，你要好好愛護他們。」

至此，阿闍世王子總算如願奪走父王的所有倉庫，無奈，他生性殘酷，得到這些仍嫌不夠，不久又開始折磨全國各地的百姓們。

這樣一來，老百姓的日子更加難過，忍不住又去王宮訴苦。國王聽見百姓們的心聲，十分憂愁地叫王子進宮，責問他為什麼這樣做？

「你要求什麼，我全都給你了，現在百姓仍然叫苦連天，到底怎麼回事？」

王子聽了心裏不高興，而且還發了脾氣。之後，他問左右的心腹：

「如果有人敢對我口出怨言，或指責，他該當何罪？」

「必須處以極刑。」他們回答。

「現在口出惡言的人，乃是我的父王。我先把他幽禁在後宮。」

王子一聲命令，他們果然把老國王幽禁起來。

宮裏上下聽說國王遭到幽禁，十分不安。因為國王以前善待百姓，而今憶起往事，紛紛為他落淚。王子幽禁了父王後，便自行即位。接著，他變本加厲，更加殘酷蠻橫，聽到百姓的叫罵，也不以為恥。同時，滿朝文武也沒人敢出面阻止他的兇暴行為。

且說頻婆娑羅王不但王位被愛子奪走，還被他幽禁在深宮不能見人。依他想，這一切都是自己前世的惡業果報，所以，他只好安於宿命業報。可是，他的王妃韋提希夫人為了解除老國王的飢渴之苦，就暗中送食物給他，有一次，阿闍世王問守衛：

「老國王還活著嗎？」

「因為太后常常送食物去，所以，他還活得蠻好。」

「什麼？母后竟敢送食物給他？以後不許她再送食物進去。」

阿闍世王嚴厲吩咐守衛，同時厲聲交待宮人：

「凡是暗中調製飲食給老國王的人，一律要處極刑。」

這樣一來，果然再也無人敢送食物給老國王了。一連幾天，老國王餓得半死。韋提希夫人跟丈夫一向恩愛，目睹如此情狀，依然暗中混雜些大麥粉。擦在自己身上，又在箍中放些飲料，送給丈夫充飢。這樣，老國王才能苟延殘生，沒有死去。

守衛們目睹老國王未死，心裏好生奇怪，查訪之後，始知夫人暗中接濟他。幸好，守衛們昔日也曾受到老國王的大恩，所以故作不知，一直讓夫人在暗中幫忙。過了幾天，阿闍世王又問守衛，父王死了嗎？守衛據實相告韋提希夫人暗中送些食物進來。

「以後絕對不許母后進去跟父王會面。」

阿闍世王嚴厲吩咐下去。事已至此，連老夫人也不能再送食物給老國王了。這時候，老國王只有坐以待斃。

但是，釋尊住在耆闍崛山，而臨死的老國王仍從自己幽禁的牢裏，遙遠地向釋尊禮拜，同時起了歡喜心。由於法喜充滿，才能繼續活命。有一天，阿闍世王又來詢問衛兵，老國王到底死了沒有？

「因為老國王不時從窗口向佛陀的方位頂禮作拜，結果，佛陀大發慈悲，又救了老國王。雖然他至今沒有飲食，也依然能活下來。」

阿闍世王聽了，馬上叫人關閉窗戶，又用鐵釘刺傷父王的雙腳，讓他不能站立。長期吃不到食物，身體原本衰弱，而今雙腳又被刺傷，老國王叫苦不迭，不禁在房裏哭泣起來。他心裏暗忖：

「我現在這樣苦惱，怎麼佛不加垂憐呢？」

這時候，釋尊終於把目犍連叫來，吩咐他說：

「頻婆娑羅王正被他的兒子幽禁，叫苦連天，你快去傳話，說佛要拯救他的苦惱，會讓他脫離三惡趣，投生到天上界。」

目犍連奉命後，馬上離開耆闍崛山，直奔王舍城，現身在老國王面前。

「大王啊，佛說你現在所以會遭到這樣的苦楚，既得不到飲食，雙腳又被刺傷，全是你前世造成的業報。」

老國王一面禮拜目犍連，一面問道：

「那裏才有佳餚可吃呢？」

「在四天王的地方有許多美味佳餚。」

目犍連回答後離去，匆匆返回耆闍崛山。

且說阿闍世王有一個兒子，不知怎地，突然手指傷痛，被人送到父親面前。阿闍世王抱起兒子，用手撫摸他的頭，無限親熱地安慰他，不料，小王子反而放聲大哭。阿闍世王又用口吸吮他手指的傷口，以致滿嘴塞滿了膿血。之後，才把膿血吐在地上。小王子一看滿地膿血，嚇得大哭不已。

韋提希夫人聽到愛孫的悲叫，也心痛得哭起來。阿闍世王聽見母后的哭聲，不禁好奇問道：

「你怎麼也哭啦？」

韋提希夫人答道：

「想當年你的父王也跟你現在一樣，用他的嘴吸吮你的膿血，但他沒把膿血吐出來。因為他怕孩子看到滿地膿血，反而會嚇得大哭大叫，他為了疼你，寧可把滿嘴的膿血吞到自己的肚子裏。」

母后娓娓談起老國王當年疼愛阿闍世王的程度，遠比阿闍世王疼愛小王子更深。

「母后，這是當真？」

「沒錯，父王確實疼愛你。」

阿闍世王初聞父王的慈愛厚道，才使他以往憤恨父王的情緒頓時消失。同時，起了仁慈的意念，立刻對左右說：

「誰若能報告父王還活在世間，我便封賞他一半國土。」

那些一向敬愛老國王，或曾受過他照顧過的臣子，一聽見這句話，便爭先恐後打聽老國王的近況，不料，正在牢裏幽禁的老國王，一聽到許多人匆忙走來的腳步聲，便疑惑：「他們鐵定要拉我去受極刑。」

他心驚之餘，身體不支倒地，可憐，就這樣一命嗚呼了。

老國王被愛子折磨得半死。他還能遙拜佛陀的法相，並起歡喜心。藉此善因緣，死後才能投生到天宮。

〈譯自『根本說一切有部毘奈耶破僧事第十七』〉

二、阿闍世王的悔悟

王舍城那位阿闍世王生性殘暴，行為乖僻，遇有不稱心的事時，便大發脾氣，他兼具佛說的強烈貪欲、瞋怒和愚癡三項煩惱。這種性格使他凡事只看眼前，不會想到後果。他只知追求目前的五欲享樂，遠離周圍的好人，反而重用壞人，專愛結交一群阿諛之徒。因為他做事不顧後果，竟連既無缺失，也無罪過的親生父親——頻婆娑羅王也殺死了。

這種罪孽終於讓他得到報應——滿身生了腫瘡，惡臭逼人，結果誰也不敢靠前來。他自認平時作惡多端，知道這完全是報應，在有生之年，必須承受這種苦楚，將來死後也得嘗盡地獄煎熬和寒暑的折磨。事已至此，他總算有了畏懼，且念念不忘未來的悲慘報應。他每天心驚膽跳地過日子。只有母后韋提希夫人依然本著慈母的愛心，到處找良藥，替他敷治，希望愛子早日痊癒。不料，藥物敷得愈多，腫瘡反而更惡化。

有一天阿闍世王對母親說道：

「我知道身上的腫瘡，全都來自心理，而不是生自肉體。即使世上有人能替我醫治身體的肉瘡，也恐怕無法治好我心中滋生的腫瘡。」

有一位大醫叫做月稱，很擔心國王的病，特地進宮來探訪：

「大王，看你的氣色很壞，不知你患身病呢？還是患心病呢？」

「我的病是身體的，也是心理的。因為我年輕時殺害了根本沒有罪過的父王，取得王位，今天才會患這種怪病。我去請教過有智慧的人，都回答說犯了五逆罪者，以後必定下地獄。而今我犯了五逆罪的第一項——殺父之罪，將來一定會下地獄，現在活在世間，當然會飽嘗身心兩種苦痛了。不論何等名醫，也不可能醫好我的病。」

「大王啊，你不必太過憂慮，如果一味憂愁懊惱，就會愁上加愁。彷彿有人貪睡，他會愈睡愈多；貪、淫和嗜酒也不例外。

你提到地獄的事情，其實，誰去過地獄了呢？那裏真有你說的情狀嗎？所謂地獄，不過是一群狡猾之輩提倡的。現在，正好有一位鼎鼎大名的醫生——富蘭那到了王舍城。他專修清淨梵行，經常向世人宣揚無上的悟道。他屢次強調，世間根本無所謂惡業，當然也沒有惡報；同時亦無所謂善業，當然就沒有善業的報應。既無善惡之業，亦無善惡之報，善業惡業沒有分別。而今這位名醫住在王舍城，大王理應去求他治病才對。」

「只要他能醫好我的病，我很樂意去見他。」

另一位大醫叫做藏德，某日來朝上奏，亦提出同樣的疑問，問到阿闍世王的病況。阿闍世王虛弱地回答：「我的病是身心兩種。以前，凡對不合自己心意的人事，我會憤恨交集，缺乏智慧的眼力。所以，我才會親近佞臣，聽信讒言。而害死全無罪過的父王。有一次，我曾聽一位智者的偈語說：

『如對佛僧與父母不懷好意者，
以及造惡業者，都得承受地獄的果報。』

如今從這首詩看來。可知我正在飽嘗身心兩病的折磨。不論天下任何名醫，也恐怕難以醫好我的病。」

「大王，你擔憂也沒有用。本來，法有兩種，就是出家法和王法。如果依照王法，殺父也不算犯罪。它好像一種迦羅羅蟲。需要打破娘胎才能出生。牠們的出生方式就是這樣，這跟打破娘胎也不犯罪相同。兒子殺死父王，繼任王位，屬於治國之法。所以，他縱然殺死父兄，也不算犯罪。倘若依照出家法。即使殺死一隻蚊子，也是有罪的。不過，請大王寬心，大可不必憂慮，愈是擔憂，苦惱會愈多。你說世間沒有名醫，能醫治身心兩病，這種想法不對。現在，正好有一位聖人叫末伽黎拘全離子，來到王舍城，他為人慈悲，經常表示：『一個人的身體，係由地、水、火、風、苦、樂、壽命七項構成的，所以，不受任何傷害，世上也沒有東西能加害它們，它們也不會被殺害。』他常能消滅世人的重大罪孽。倘若大王肯親自拜訪他，相信你的苦惱會很快消失。」

有一天，一位大臣叫做實得，也進宮來探病。

阿闍世王也告以實情。

他聽完後，安慰說：

「大王，你的擔憂是多餘的。倘若先王為了逃避世俗煩惱，而在修行悟道時，害死了他，也許有罪。但若為了治國上的需要而殺死他，就不算犯罪。凡事都有因果報應，生死是根據罪孽的報應來的。倘若先王因為罪孽報應而被殺，那麼，大王就不算犯罪。請你盡可放心，不必憂慮。你說：『世間沒有名醫能治療身心的病』，其實，王舍城有一位名叫刪闍耶毘羅胝子的婆羅門。智慧浩翰如海洋，德高望重，又有很大神通，能夠解除所有疑難。他常常對弟子們說：「身為君王，可以任意為善作惡，也不會不恰當。不論他身犯何罪，也都不算犯罪。就像烈火把東西燒毀，那裏還有不乾淨的呢？國王也跟火的特性一樣。大地載負所有的乾淨與污垢，好像既不憤怒，也無喜悅，而國王就跟大地一樣。水不論乾淨骯髒，都會清洗得一乾二淨，而且既無快樂，也無憂慮，國王就跟水一樣。世人的苦樂果報是，『因』存在於過去，而現在得到『果』。同樣的，若沒有現在的『因』，自然不會有將來的『果』。有人在持戒方面精進，為的是要消業。如果沒有業，苦就會結束。如果沒有苦，才能脫離世俗的煩惱。大王啊，你不妨早日去拜訪他，好讓他醫好你的身心疾病，消除所有罪孽。」

「只要他能醫治身心疾病，我也樂意去拜訪他。」

有一天，一位名叫吉德的臣子也來探病。他建議：「王舍城有一位大師，名叫迦羅鳩馱迦旃延，能在瞬息間看透過去、現在和未來三世，也能在一瞬間看見難以預測的廣大世界，他像恒河能洗淸一切骯髒。也能把所有罪惡消滅殆盡。他常常對弟子們說：『即使有人殺死一切生物，只要心無羞愧，就不會下地獄，若自己感到羞愧，就會下地獄。一切生物都是自在天所造的，如果自在天高興，一切生物就會安樂，如自在天憤怒，世上萬物都會苦惱。所以，一切生靈的罪與福，全由自在天操縱，而人的本身沒有罪與福可言，就像木匠能任意製造一個人的行、住、坐、臥等姿勢，天下蒼生——都是自在天任性創造的。至於個人的行為，他本人當然沒有什麼責任可言。』如果大王肯去見他，你的罪業應該會馬上消滅。」

「既然這樣，那麼，我很樂意去皈依這位大師。」

有一天，無所畏這位大臣也進宮來探病了……

「大王，你不必擔心。若為王族和國家而殺人，就沒有罪過；先王在世時，對僧衆謙虛有禮，心懷敬意，但對婆羅門很冷淡。他沒有一視同仁的胸懷，不算是王族。而你為了供養婆羅門才殺死先王，仔細想來，實在沒有犯罪。本來，殺害的意思是，斬斷壽命。因此，生命像氣候，不能殺害的，大王可以放心。若說天下沒有名醫能醫治身心併發症，其實王舍城來了一位尼乾陀若提子，慈悲聰明，修持清淨。他不時告訴弟子們：『既無布施也無善；無父也無母。既無今世，也無來世；既無阿羅漢，也無修道。芸芸衆生今後只要歷經八萬劫歲月，就無所謂有罪或無罪，全都可以免於生死世界。所謂辛頭、恒河、博叉、私陀等四大河，最後都注入大海，彼此均無差別。同樣地，如果芸芸衆生都能脫離世俗煩惱，彼此又有何差別呢？』只要你願意去拜訪他，你的身心兩病必能除去。」

「既然這樣，只要他能醫好我的病，我當然願意去。」

有一天，聞名全國的醫生耆婆來訪，他問國王：

「大王，你的近況好嗎？」

國王作偈回答：

「永遠斷絕煩惱，才能清淨身心。
不貪求塵世的生活，這樣也許就能安眠。
真正的婆羅門為了涅槃，又肯為衆生解說深奧的妙意，這樣也許就能安眠。
只要身體不造惡業，也能遠離口禍，
心中不存任何疑慮，也能安眠才對。
只要身心都無苦惱，躺在寂靜的床上，
必能得到無比的安樂，那也應該能夠安眠。
消除內心的執著，遠離一切怨恨，
和睦無爭時，也應該能夠安眠。
只要身體不造惡業，心懷羞愧的念頭，
且又相信因果道理，也很容易安眠。
只要能敬養父母，處處行孝，
而又不懷竊盜之心，也得容易安眠。
只要身心調暢，親近善友，
而又能擊破四魔，也會容易安眠。

不論吉祥與否，苦樂如何，都不放在心上，
只知為衆人盡形壽，獻身命，
而又能竭力傳教，也很容易安眠。
這些人能夠安然入睡，才能稱作佛。
雖然受制於萬物，居然身心不動搖，
而又能安然入睡，才是真正慈悲者。
惟有諸佛和慈悲者，才能努力發揚佛法，
對待芸芸衆生一視同仁，平等關懷。
那些停留在迷妄的黑暗中，
以及不斷製造惡業的人，才不易睡得安寧。
為了塵世快樂，而不惜殺害自己父親，
對於罪行耿耿於懷者，就不容易安眠。
若不加節制，只會暴飲暴食，
就很快會有病痛煩惱，這種人也不易安眠。
如果心識迷妄，對女子懷有邪念，

凡事都憂心忡忡的人，也極不易入睡。
凡是不肯持戒，和貪圖王位的太子，
以及得不到財貨的賊子，也不易入睡和安寧。」

阿闍世王說完此偈，又繼續說道：

「耆婆，我的病況很不妙，所有名醫和妙藥幾乎都束手無策。我不時說過，先王依法治國，循規蹈矩，只因我想出人頭地，才會去殺害他。魚到了陸地，有何快樂呢？鹿陷於阱，亦無歡笑。我曾聽智者說過，凡是身心不潔淨的人，一定會下地獄，而我的所作所為正是如此，這樣，我怎能安心入睡呢？你想，有什麼妙方能除去我的病痛嗎？」

耆婆回答：「你所犯的大罪，雖然難容於天地之間，但內心早已刻劃了極深的罪惡，羞愧交集。諸佛世尊常說：『若想救渡天下蒼生，有兩種善法。第一是慚，第二是愧。所謂慚者，就是自己不犯罪；所謂愧者，就是教人不犯罪。慚是對人覺得羞恥，而愧是對天覺得羞恥。凡是無慚愧心者。，都不能叫做人。因有仰不愧於天，俯不怍於地的心，才能尊敬父母師長。正因為有慚愧心，才能持有父母和兄長的秩序。』而今你表現出深厚的慚愧心了，非常難得。

依照佛的說法，智者有兩類：一類是不造惡業；另一類是造了惡業，懂得懺悔。愚人也有兩類：一類是製造惡業，另一類是想隱瞞惡業。有人先造惡業，然後在慚愧與懺悔之餘，再也不造惡業了。彷彿發光的玉石放入濁水中，會將濁水澄清一漾；也似雲消霧散，呈現明月一樣，只要懺悔自造的惡業，待罪消滅之後，也能恢復清淨。世間的富裕有兩種，那就是擁有象馬等家畜，以及滿倉的金銀財寶。事實上，不管擁有多少象馬，也不及一顆珠寶。芸芸衆生也不例外，其中包括惡富與善富兩類，許多惡業不及一項善業。依照佛說：『一念善心會破百惡』。因它像一點兒金剛的力量，便能擊破須彌山，也似星星之火，便能燒盡世上的一切；更像點滴的毒藥，也能殺人，小善能破大惡。依照佛說，凡有智慧的人，不會包庇或隱藏罪惡，一定懂得慚愧懺悔。大王深信因果，對於業報觀念也有深刻了解。你對過去的惡業，不必杞人憂天。這像所有名醫也都醫不好癩痢病一樣，世間不乏毀謗佛法，不信因果報應，不肯親近善知識的人，完全違背佛的教理和戒律。所以，佛也救不了他們，彷彿任何名醫也無法讓死人復活一樣，佛對他們根本無能爲力，大王跟他們不同，不是不可救藥的人。你常嘆說：『沒有人能醫好我的病』，我不以為然。迦毘羅城的悉達多太子，無師自悟，大慈大悲，體恤天下蒼生，隨時隨地說法，如果時機不對，就一語不發。如果要救渡許多迷妄的衆生，就會竭盡所能。他那浩翰的智慧，好似須彌山；深遠的程度，足以比擬汪洋大海。佛的無上智慧，足以摧毀萬物的罪惡。他現在拘尸那城的娑羅雙樹間，為無數的菩薩衆，宣揚諸法，倘若你肯去見他，他必能使你的大逆罪消失無餘。」

接著，耆婆又舉出許多例子，說明佛的慈悲與救渡的能力，例如：

「帝釋天面對死亡時，身上呈現五種死的象徵：第一、衣服沾滿汚垢。第二、頭頂的花枯萎。第三、身體發臭。第四、腋下流汗。第五、落座不安。這時候，有一位臣子叫做毘摩質多，便向心煩意亂的帝釋天獻計：

『憍尸迦（帝釋的姓），乾闥婆王名敦浮樓有一個女兒叫做須跋陀，只要你能把他的女兒介紹給我，我就會呈獻如何解除五種衰相的方法。』

帝釋天聽了大喜說：

『毘摩質多，阿修羅王有一個女兒，名叫舍脂，她是最高尙美貌的女人。只要你能教我怎樣除去五種衰相，我甚至能將她介紹給你，更何況須跋陀姑娘。』

毘摩質多說：『釋迦牟尼佛現在王舍城裡，如果你肯去請教他，他必能替你除去五種衰相。』

於是，帝釋天便去王舍城的耆闍崛山了，他謁見了釋尊再三懇求說：

『世尊，天人會被什麼東西綁得緊緊呢？』

『憍尸迦，天人會被慳貪和嫉妒綁得緊緊。』

『這些東西怎麼來的呢？』

『來自無明，它在迷妄而不能得悟的狀態下產生的。』

『那麼，無明又是怎樣形成的呢？』

『由於放縱使然，凡事為所欲為，或恣情縱慾所引起。』

『那麼，放縱又是怎麼來的呢？』

『凡事亂七八糟，本末倒置，或胡思亂想引起的。』

『那麼，本末倒置又是怎麼來的呢？』

『由疑心引起的。』

『世尊，您說本末倒置起自疑心，我果然有疑心。疑心才產生本末倒置，是非顛倒。沒有疑心，自然沒有是非的顛倒，因為有是非顛倒和本末倒置，才會生慳貪與嫉妒。』

『帝釋，雖說你無慳貪與嫉妒心，其實，這跟要延年益壽的企圖互相矛盾，凡是沒有貪欲的人，都不想延年益壽。』

『世尊，我不想要延年益壽。我所要求的，不是肉體的性命，而是要佛身與佛的智慧。』

『憍尸迦，你所要的佛身與佛的智慧，會在來世得到。』

帝釋天聽見佛說後，五種衰相即刻消失了。接著，帝釋再三朝佛合掌禮拜三次：

『世尊，幸蒙您的指點，我才能死後復活。這是真正的重生。但是，芸芸衆生何故會減損壽命呢？』

『憍尸迦，那是因為紛爭使然。倘若世人能和睦相處、彼此尊敬，當然能延年益壽了。』

『世尊，您提到紛爭，果然不錯，以往我都沒有注意到。今後，我一定不再和阿修羅（跟三十三天交戰時的天趣之類，印度的鬼神）糾紛作戰了。』

『你果然領悟到奧妙了。諸佛的教義說，凡能忍受羞辱、苦惱與迫害，無異領悟了佛的教理，和往生極樂的原因。』

大王，佛能為帝釋除去諸種衰相，實在不可思議。大王以往的惡業，佛也必能替你除掉。」

耆婆又接著說出以下諸例：

恒河岸上有五百個餓鬼，因為長期沒水喝，苦惱之餘，只好遠眺恆河流域。只見烈火在閃耀，却見不到一滴水，他們飢渴交迫，不禁嗚咽悲泣。這時候，佛正巧在河畔一棵樹下打坐，那五百個餓鬼便走到佛的身旁，拉起佛的衣袖哭訴：

『世尊呵，我們飢渴交迫，性命不保了。』

『恒河的清水在你們眼前，怎不去喝水呢？』

『恒河裡雖然有水，我們却只看到烈火而已。』

『恒河的清水不是火，而你們所以會看成火，那是自己的惡業把心顛倒了。現在，我可以替你們除去顛倒，好讓你們看得見恒河的清水。』

佛才為一群餓鬼說明慳貪的錯誤。

『世尊呵，因為我們的喉頭太乾渴，實在聽不進佛的說法。』

『既然渴得厲害，你們不妨先到河裡，隨意喝水吧！』

事蒙佛力恩寵，餓鬼才能喝到水，接著，他們聆聽各種佛法，發菩提心，才拋棄餓鬼的外形，轉生為天人。」

「有一次，舍衛城有五百個盜賊，被國王逮捕後，眼珠全被挖出，他們正在痛苦呻吟時，幸而聆聽佛法，眼睛也復原了。」

「舍衞國有一個人叫做氣嘘，他殺人無數，但是，當他無意中碰到佛弟子目犍連後，下地獄的因緣才能消失，而後出生為天人。」

「在波羅棕城，有一名富家子叫做阿夷多，因為他私通母親，才殺死父親。不料，他的母親又跟別的男人來往，他一氣之下也殺死了母親。他的朋友認識一位阿羅漢，阿羅漢從這位朋友口中知道他的罪惡，阿夷多很難為情，結果也殺死阿羅漢。後來，他想去祇園精舍出家，但是，每位佛弟子都知悉他犯了三種逆罪，不肯原諒他。在這種情況下，阿夷多益發怒不可遏。當晚，他一不做，二不休，乾脆到僧房放火，燒死許多無辜的人。然後，他去王舍城向佛表示要出家，佛立刻寬恕他了。接著讓他聽法，如此重大的罪惡，也終於消失了。」

「有一次，提婆達多擬定鬼計，企圖使醉象去殺佛，但是，那隻醉後瘋狂的巨象到了佛面前，就像大夢初醒的人，也終於發了善心。」

「當佛尚停在菩薩的果位時，有一天，惡魔率領一群牛鬼蛇神來妨礙他修道，菩薩以忍辱力擊破惡魔的惡心。最後也能讓牠們發起了善心。」

「曠野鬼曾經殺人無數，罪大惡極，但聽到佛的說法以後，也發起了善心。」

「波羅棕國有一個屠羊人，名叫廣額，每天殺死許多隻羊。但是，他僅在一夜之間，遇到舍利弗後受戒，死後便出生爲毘沙門天王的次子。」

「北印度細石城主龍印王，因為貪求王位而弑父。不久，他悔恨交集，才捨棄王位，向佛央求出家。佛也欣然收下這個大逆不道的弟子。結果，才使那天地不容的罪孽消失了。」

「提婆達多擾亂僧團的平靜，讓佛負了傷，並殺害一個名叫蓮華的修行人，犯下三項大罪，但聆聽了佛法，也消去了重罪。」

耆婆共舉出以上十三項例子，來說明佛的法力無邊，並證明佛是舉世無匹的大醫生。耆婆又說：

「大王，如果你肯相信微臣以上的說明，那麼，你就要趕快去訪問佛。諸佛的大慈大悲，普及天下蒼生，而不限於特殊的個人。正法無所不包，對待熱愛與加害我們的人，都一視同仁，而不存偏愛與憎恨的念頭。他不會只讓一位特殊人物得悟，而不關照其他多數人。所以，佛不愧為所有天、人、龍、鬼、地獄、畜生和餓鬼的師尊，而世間的芸芸衆生也都視佛為自己的生身父母。佛不但替富豪和國王說法，也同時為貧困低賤者說法；佛不只接受富人的供養，也同時接受窮人的供養，佛絕不會厚此薄彼。此外，佛也不只向舍利弗那種聰明人說法，也同時給如周梨槃特那樣的蠢人說法；佛不但接受像大迦葉那樣毫無貪婪者出家，也同時允許像難陀那般吝嗇的人出家。像煩惱較少的優樓頻螺迦葉等人，要求出家修道，佛也滿口承諾；有些人一不如意，就憤怒和憎恨，佛也照樣阻止他們的惡念，消除他們的憤怒與憎恨的根源，而且設法救渡他們。

佛不只爲有智慧的男性說法，也同時為愚笨的女性說法；佛不但讓出家人獲得修道的功德，也同時讓在家人獲得修道的功德。像富多羅遠離塵世，喜在寧靜的地方沉思，佛不僅為這種人說法，也同時為頻婆娑羅王那樣統率百姓、日理萬機的王家貴族說法；佛不僅爲一個戒酒的人說法，也同時給舍衞國富翁——郁伽那樣嗜酒如命者說法；佛不僅為入禪定者，如離婆多這種人說法，也同時為喪子發狂的婆羅門——婆私吒女人說法；佛不僅為自己的門徒說法，也同時給邪教中人說法。佛不只為壯年人說法，也同時為八十老翁說法；佛不僅為王妃末利夫人說法，也為那個淪為妓女的蓮花多說法；另外，佛不僅接受波斯匿王山珍海味的供養，也肯接受王舍城富翁尸利毱多下毒的食物。縱使歷經一個月，供養所有芸芸衆生的衣食，其功德也不及瞬間謁佛功德的十六分之一；縱使以百輛馬車，滿載黃金來布施，也不及發起善心，向佛道進一步的功德。諸如這些例子，不勝枚舉。大王與其供養多如恒河沙那樣的人類，倒不如到婆羅雙樹間去聽佛法來得好。」

「耆婆呵，聽你這麼說，佛的性情是很溫和寧靜，能與所有衆生和睦相處。僅憑這些特質，便足夠領袖群倫了。好像栴檀林裡，只有栴檀樹最茂盛，因為佛很清淨，才能使整個系族也都很清淨。佛沒有任何妄念，才能使整個氏族也沒有妄念；因為佛沒有貪慾，才能整個系族也無貪慾；因為沒有煩惱，才連整個氏族沒有煩惱。我已經是天地難容，惡貫滿盈，理該下地獄的罪人，豈不是沒有資格去訪佛嗎？即使能去，佛也不會有話對我說。雖然，蒙你再三勸告，但，我仍然沒有勇氣去。」

此時，空中突然傳來一陣美妙和靄的聲音說：

「佛的無上教義，將要衰沒，浩翰如海的佛法也快要乾涸了。可惜，佛教的燈火，正在熄滅。佛法的高牆，正在崩倒，佛法之船快要沈沒了。佛法的旗幟倒下，佛法的樹拆斷了。善友離去，恐怖四起。魔法伸張，佛的光明正沈沒在大涅槃山下，大地一片黑暗。倘若佛一旦去世，你的罪孽就更找不到良醫治療了。所以，我慎重地勸你趕快去見佛。除了佛世尊以外，實在無人能夠救你，因為我很同情你，才再三鼓勵你去見佛。」

阿闍世王乍聞天上的聲音，驚恐之下，全身像芭蕉樹般地搖擺，臉色逐漸蒼白，略帶呻吟似的聲音反問：

「天上的聲音是誰呀？請你現身好嗎？」

「我是你的父親頻婆娑羅王呀；你應接受耆婆的意見，千萬不必理會其他六個臣子的錯誤見解。」

阿闍世王一聽是死去的父親，立刻暈倒地上。腫瘡反而擴大，臭氣沖天，雖然曾經塗上冷藥治療。不料，傷口因為毒氣發作，病況更加惡化，竟使藥力毫無效果。

這時候，釋尊正在娑羅雙樹下，從遠處看見阿闍世王痛苦倒地，便對身邊的眾人說：

「為了阿闍世王，我想留在世間，再過漫長的歲月，再入涅槃便了。」

迦葉尊者聽見後，立刻起疑：

「世尊，佛不是要為一切衆生，暫時不入涅槃嗎？現在怎麼要為阿闍世王一人延後涅槃呢？」

「迦葉，你說得沒錯，但在大衆裡不是只有一人說：『佛一定要入涅槃』嗎？其實，阿闍世王說：『佛最後才會入永遠的涅槃』。惟有相信這個，他才會在世間受苦。」

此時，大慈大悲的佛，便為阿闍世王進入月愛三昧。三昧是彷佛月光清澈的愛，除去世人的苦惱似地，如果佛入了三昧，便會放出清涼的淨光，掃除世上許多人的貪瞋苦惱，故稱為月愛三昧。不久，佛放出大光明了。這種光明充滿清涼，當它照在阿闍世王身上時，頃刻間，他的腫瘡便不見，毒氣也消失了。他仔細一瞧，腫瘡自然痊癒，全身清涼舒適。

「耆婆呵，我曾經聽人說，世界末日時，天上會有三個大太陽同時出現，一切生物的痛苦，全部會治癒。現在，顯然不到世界末日，而光芒照射到我的身上，竟能除淨腫瘡的痛苦，如此安樂的光芒，到底來自哪裡呢？」

「大王，這種光明既不是三個月亮照射出來的，也不是火、太陽或星辰的光。」

「既然這樣，那麼，誰能放出這樣尊貴與偉大的光明呢？」

「大王，這個光明正是佛世尊放出的。它既無根源，也無結果。不冷不熱，既非常住，也非無常，不青不黃，不紅不白。這個光明能引導許多人進入悟境。」

「耆婆，佛要救誰才會放出這個光明呢？」

「佛為了要救你才放出這個光明。你平時不是常嘆說：『世上沒有名醫能治癒我的身心兩病』嗎？佛先放出光明來醫治你的身病；之後，再醫治你的心病。」

「耆婆呵，佛也在躭心我的身體嗎？」

「當然，譬如現在有七個孩子，其中一個患病，叫苦連天，雖說父母對每個子女的愛心平等，但，對那個患病的孩子會格外疼愛。大王，佛的做法也一樣，佛固然對天下衆生一視同仁，無如，對於罪業深重者，會特別關懷。佛放出的光明，是從月愛三昧裏放出來的。」

「月愛三昧是什麽？」

「它像清涼的月光，會讓所有優鉢羅花漫開。三昧也能引發許多人的善心，才叫做月愛三昧；凡疲月光觸到的人，都覺得舒暢無比，三昧也會使參修涅槃者，快樂無比，所以叫它月愛三昧；從一日起到十五日，月光的形色或光明，都會逐漸增大。三昧也會使初學者的善根，逐漸發育成長，直到大涅槃，所以叫它月愛三昧；從十六日起到三十日，形色或光明會逐漸減弱。三昧也會在光明所到之處，讓一切煩惱逐漸消滅，所以叫做月愛三昧；在暑夏，人人羨慕那充滿涼快的月光。它像沐浴在月光下，便能從暑夏苦惱中得救似地，三昧也能消除人的苦惱，故叫做月愛三昧。」

「耆婆呵，依你說，佛不跟惡人交談。正像大海不留存屍體，鴛鴦鳥不住廁所，帝釋天王不跟餓鬼同居，鳩翅羅鳥不肯在枯萎樹上棲止一樣，佛也只跟好人為伍。這樣看來，我連拜訪的資格都沒有，即使我能見佛，在瞬息間，我的全身豈非陷入大地底下嗎？依我看，即使佛肯接近喝醉的象、獅、虎、狼和烈火，也不肯接近壞人。因為我一直這樣想，所以，不論你怎麽勸告，我也沒有勇氣去拜訪佛。」

「大王，這像口渴的人，都想找尋清泉，飢餓者要覓食，病人想找醫生一樣，你想求佛拜佛的態度，也應該是這樣。有人毀謗一闡提這種佛法，而不信因果的道理，佛尚且肯給他們說法。何況，你跟他們不同；怎會得不到佛的慈悲與救渡呢？」

「耆婆呵，我聽說一闡提是指不信也不聽法的人，而佛還肯為他們說法，到底是什麼道理呢？」

「大王，假定眼前有一名重病患者。他做了一個夢，夢見自己睡在灰土裡，吃著灰土，攀登枯樹，與猴子共同起居。沈沒水中，陷入泥沼，或穿上青、黃、紅及黑色衣服在歌舞。接著，牙齒毛髮紛紛脫落，全身裸著，臥在尿糞中，以狗作枕頭。後來，跟死人一起生活，手牽手遊玩，甚至置身在毒蛇堆裡，或擁抱怪婦，當他夢中驚醒時，心情更加煩惱，病況也更為惡化。於是，一群親友聚在一堂，商量去請醫生。那個奉命前往的使者，竟是一個矮子，滿臉灰塵，衣衫不整，拖著一輛破舊的車子到醫生家去。他向醫生說：『我來請你去看病，請你快一點上車。』醫生一看到這個矮子，心裡尋思：『病人竟派這種不吉祥的人來，恐怕他的病醫不好啦。』之後又想：『使者這樣不吉祥，讓我卜他一卦，看看日子的好壞如何？倘若碰到四日、六日、八日、十二日、十四日，病情會惡化，倘若日子凶多吉少，就再卜星辰看看。』醫生占卜星辰、時間、時節和各類情況，全都不吉利。於是，醫生下了決心：『使者既已來到，乾脆隨他去一趟，如果是有福德的病人，便替他醫治，否則拒診算了。』

只見他隨著矮漢使者出發了。在路上，他看見兩個小孩吵架，又見一人手拿火把自殺，而另外一人砍樹倒下。同時，還有些行人在半路上丟了東西，有人拿著空的容器，一個和尚孤獨地漫步，尚有虎、狼、野狐等出沒。醫生看了心想：『不論是使者，或路上所見一切，全都是不吉祥，看來病人要完蛋啦。』繼而又暗忖：『如果不去，便沒有盡到醫生的職責，但路上所見的，全是不吉祥的事，好歹總得去一趟才行。』

他們繼續往前走，不料，前面不斷傳來：『亡失、死喪、崩潰、破損、剝脫、墮落、焚燒、無法醫治、不能拯救。』等不吉的訊息。接著，南方傳來烏鴉、鷹、舍利鳥，狗、老鼠，野狐和兎等動物叫聲。醫生心想：『這個病人看樣子愈來愈不妙了。』

不久，他抵達病人家裡，經過診斷的結果，他以為病人必死無疑。不過，他堅持不吐實言，只淡淡地表示：『我今天太忙，明天會再來診斷，一切要隨病人的意思，家人不要拂他的意思才好。』說完後起身告辭了。

次日，患者家庭又派人來請，醫生推辭說：『我今天有要緊事，實在不能去，而且也沒藥了。』這樣一來，病患只有死路一條了。世尊也是如此，關於一闡提的內容，佛心裡很明白。但是，佛依然說法。倘若限於一闡提，佛不再說法時，凡夫恐怕會說：『佛沒有慈悲。』所以，佛面對一闡提，也繼續說法了。佛的確在替芸芸衆生看病，而佛的正法也能治療許多人的痛苦，無疑是一種法藥。無奈，有些患者堅決不肯服藥，才無法消業。」

「耆婆啊，既然佛這麽慈悲，我便選黃道吉日看佛好了。」

「大王，佛法裡沒有所謂吉日良辰，對於病情危急的患者來說，實在不能選擇日期好壞，或時辰吉凶了，只有趕緊找尋名醫才對。現在，你也是一名病況危急的人，應該快去找尋佛這樣的名醫，不能選擇吉日良辰了。不論栴檀的火，或芛蘭的火（依印度人傳說，此樹的惡臭能沖走香氣），只要一燃燒，結果都一樣，凶日亦好，吉時也罷，沒有什麽不同。只要肯去看佛，自然能消除罪業。請你別說明天才去，還是即刻起程才對。」

這樣一來，阿闍世王便吩咐吉祥這位臣子說：

「吉祥，我現在想去訪佛，快去給我準備物品供養。」

於是，國王和王妃終於搭乘莊嚴的車子起程了。車數多達一萬兩千輛，由力大無窮的巨象拉車，而每頭巨象上面坐三人，拿著旗幟，此外，還有香花、樂隊和各種供養品不計其數，騎馬的隨從也多達十八萬人，浩浩蕩蕩，跟隨國王的百姓亦有五十萬人。拘尸那城的百姓從遠處，眺望阿闍世王龐大的陣容，也都非常驚異。

這時候，釋尊告訴城內的百姓說：

『所有的人如要接近沒有煩惱的悟境，最好的因緣是善友。就拿阿闍世王來說，如果他不聽耆婆的意見，下個月七日必然命喪黃泉，而且要下無間地獄。幸蒙耆婆這位善友，才把他從痛苦地獄救起，讓他接近悟道了。』

在半路上，阿闍世王聽到許多消息，例如舍衛國的王子——舍婆提毘流離王在海上活活被燒死了，瞿伽離比丘墮入地獄了。還有須那刹多因為作惡多端，特地去訪佛陀，便消滅了罪業，阿闍世王聽到這些，不禁問耆婆：

「耆婆，同樣作惡多端，為什麼有人下地獄?有人却能在世時便消滅了罪業，到底什麼原因呢?我實在想不通。耆婆呵，請你陪我一起坐在象背上，倘若我墮下地獄，請你快捉住我，不要放手。因為我曾聽人說：『得道者不會下地獄。』你分明是得道的人，倘能被你拉住，我應該不會下地獄。」

此時，只聽釋尊問大衆說：

「阿闍世王還有疑慮，我要使他不起疑心了。」

在大衆裡，有一位持一切菩薩問佛說：

「世尊，我一直聽說天下萬物都沒有特定相，色也非不變的固定形相。記得您說過，涅槃亦不是一種不變的固定形相。但您說要使國王不起疑心，又是什麼道理呢？」

「持一切，你可知道惟有國王的疑慮擊破，諸法才不會變，才無固定形相。現在，我要打破阿闍世王的疑心，讓他生出無疑心，那是因為心裡不變，無固定形相後才產生的。雖然說無疑心，那才是一種無定的定心。倘若國王的心是決定性的，那麼，國王的逆罪便消除不了。惟因不變，無固定形相，罪業才能消除，這就是我要國王生起無疑心的理由了。」

片刻後，阿闍世王來到佛住的婆羅雙樹了。當他瞻仰到佛時，始知佛兼備三十二相、八十種好，法相莊嚴，有如純金之山。

當他正在思索時，佛開始說：

「阿闍世王呵！」

阿闍世王聞聲後，喜不自勝地說：

「世尊，我現在才明白您果然用愛語待人、大慈大悲、一視同仁。我以往的疑心，現在都沒有了。同時，也知道您不愧是世間最偉大的師尊，能使人得到無限法喜。」

佛的善巧方便，讓國王的疑心如同雲消霧散。國王繼續說：

「世尊，我現在能跟大梵天王、帝釋天平起平坐，倒沒有什麼歡喜，只有剛才聽到您一句話，才覺得無比快樂，不能忘懷。」

接著，國王把帶來的旛蓋、香華、歌舞等供養佛陀，向佛禮拜，繞行三次，皈依佛釋尊了。佛陀說：

「現在，讓我給你說法罷！凡夫平時要注意以下二十件事情——㈠、我們體內是空的。㈡、我們全部沒有善根。㈢、我們的生死，不是真正的生死。㈣、我們都陷入迷妄的洞穴裡。㈤、該用什麼方法發現佛性呢？㈥、應該靠禪定來發現佛性嗎？㈦、生死是苦，而不是樂。㈧、無法斷絕各種困難。㈨、常常懷恨。㈩、沒有任何方法能夠脫離生死界。⑪、不能永遠離開地獄、餓鬼和畜生。⑫、懷有各種歪念頭和邪見。⑬、現在不能渡過惡業的凶浪。⑭、不懂生死的盡頭。⑮、什麼都不做，便沒有果報。⑯、自己播下的種，別人收割不到結果。⑰、不造樂因，便無樂果。⑱、造了業，必得有果。⑲、我們的生命是煩惱，而中煩惱會招致死亡。⑳、藉過去、現在和未來，常常為所欲為。以上二十件事是凡夫們常要想的。只要徹底領悟這二十件事，才能脫離生死，否則，便不得不造業了。」

「世尊，我以前沒注意到這些事，才會作惡多端。因為造了惡業才怕死，也怕死後下地獄。我的最大惡業，便是殺害了無罪孽，又無缺失的父王。倘若沒聽到剛才二十件事，我必然會下地獄，飽嘗無窮的痛苦。」

「大王，對天下萬物來說，沒有常住之法。同時，也沒有永無變化的不疑相。你若以為下地獄是一定或必然的。這種一廂情願的想法不正確。」

「世尊，您說一切法裡沒有不疑相。那麼，我殺父之罪也是未定的囉？如果殺父之罪是決定性，那麼，一切諸法便不能說不定的了。」

「的確這樣，因為諸佛說過：『一切法全無定相』，便知道你的殺父之罪也是未定的。你剛才說，自己殺害了無罪的父王，到底這位父王是什麼？所謂父親者，恐怕是某些物質與精神和合而成的存在。凡夫通常只見其肉體部份，便以為那是父親的全部。」如殺了那副肉體，便以爲殺了父親。只要危害到肉眼所見的部份，便以爲殺死一切，這也是不對的。事實上，若把肉體分解成要素，也全非決定性的形相。所以，殺死有變化與一定形態的肉體，也是不定的。

倘若殺害的行為屬於不定，那麼，下地獄也不能說決定性的了。如果你因為殺父而得到報應，那麼，諸佛也會得到報應。因為你的生父——頻婆娑羅王曾經隨順諸佛，而種下善根，所以，他才能基於這些善因，而得到王位的報償。倘若你的先父在過去世，不會供養過佛世尊，他在今世按理也不能得到王位。如果他不當國王，你便不會有殺害父王的情狀。由此看來，如果你因為殺了先父有罪的話，照理說，諸佛也難逃罪業啦。如果諸佛無罪，便不該只有你才受罪。」

佛又繼續說：

「有一次，頻婆娑羅王曾在過去世滿懷惡心，到毘富羅山去打獵，那天，他雖然努力物色，卻一直找不到理想的獵物。當他到處漫步時，忽然看見一位仙人。國王一看見他，忍不住心頭火起。他心想，自己今天打獵一無所獲，原來是對方引導鳥獸逃走，他在錯誤判斷下，竟當場狠心殺死那位無罪的仙人。仙人臨死時，心裡非常憤恨，以神通力反擊，大聲吼叫：『我犯了何罪?你竟像對待畜生一般，隨便把我殺死，來世我要用相同的方法取你性命。』但是，濫殺無辜的先王不曾下地獄。既然如此，那就不可能只有你下地獄了。你說『父王無罪』是沒有緣由的。凡有罪業，便有果報；只要無惡業，便無果報。倘若先王無罪，便沒有理由承受果報了。現世裡，先王得到了善果與惡果。他當了國王便是善果，而今又完成惡業的結局，就是惡果。先王的果報是善惡不定，同樣地，殺害的果報也必然未定。因此，殺人之罪，不一定非下地獄不可。」

佛又接著說：

「大王，人在內心狂亂之際，不論幹了什麼惡業，不能馬上判定有罪。同樣地，你想當國王的貪念太深，才殺害父王，所以不算犯罪。譬如醉漢殺母，待他醉醒以後，也許懊悔萬狀。因為酒醉時的行為，不是有意造業，故不算犯罪。同樣地，醉漢弒母也無罪。還有魔術師提出各類男、女、象、馬、瓔珞和衣服來讓人觀賞，只有傻瓜才會把它當真，聰明人都會把它當傻事。

殺害的行為也一樣，凡夫只看到結果，就把它當真實，而諸佛可不一定把它看成真狀。我可以再舉例來說明：傻瓜把山谷的回音，當做真實的聲音，智者則不以為然，所有傻瓜誤以為真，只有智者明白不是真實。至於殺法、殺業、殺者、殺果與解脫等，我全都知道它們的真相。

你的情形不算有罪，如果一群強盜看見晨曦一出，便去偷竊，夜晚看見月亮，又去偷竊，直到日月沈沒才停止，試問太陽與月光這樣縱容盜賊，算不算犯罪呢？你的情形也是這樣。縱使你有過害人的行為，也不算犯罪。你在宮中幾乎每天命人殺豬宰羊，也不覺得不對勁，而今只不過殺害父王一人，便如此惶恐，又是什麼道理？

當然，人與禽獸有尊卑高下之別，但就希望生命安全，卻又畏死的觀點上說，彼此應該沒有分別。你殺豬宰羊不覺得怕，唯獨殺了先王便憂心忡忡，一定有道理在。因為世人是愛的僕役，常在愛的驅使下殺害生命。因此，殺即是惡罪。涅槃者，既不是有，也不是無。同樣地殺罪既非有，亦非無，但却可以說有。意思是，對於懂得慚愧的人而言，殺罪是無；反之，對不知慚愧者而言，殺罪則有。

我們的肉體是不定的，構成肉體的因緣也是無常的，天下萬物生滅不息，不斷變化，並非常住。由無常之因構成的肉體，不該是常住的。肉體如此，同樣地，心也常常不定。倘若殺死常常不定的東西，便能得到常住涅槃。離了苦，就能得樂；離了空，就能得實；去了我，即能得真我。如果有人離了無常、苦、空和我，他便跟我一樣是佛了。我也是殺死無常、苦、空和無我的罪人，但却不墮地獄。所以，不會讓你獨自下地獄的道理。」

佛結束這段說法後，阿闍世王才逐漸體會肉體精神的真貌。只聽阿闍世王說：

「世尊，我現在才知道肉體不是固定之身，同樣地，人的精神也在生滅變化，而非常住。倘若我早知此事，恐怕也不會造出罪業，所以，我深恨自己愚蠢。我曾聽人說：『諸佛世尊要做天下蒼生的父母』。以前，我不懂這事的意義，我現在明白啦。我也聽人說：『須彌山是由金、銀、琉璃和玻璃等四寶造成。當諸鳥聚集在有黃金之處，鳥便成了金色；聚集在玻璃上時，牠便成了玻璃色。』而今我仍不懂它的意思。

不過，我現在來到佛住的須彌山，才明白無常、苦、空和無我的道理，那就是說，其顏色是相同的。芛蘭長自芛蘭樹，而不會出自栴檀樹。然而，我現在却明白了栴檀生自芛蘭樹。因為芛蘭蜜是我的身體，栴檀就是我的心。我一向不知該禮敬佛法僧。而今我對三寶的信仰非常虔誠了，就像栴檀樹從芛蘭裡生出來一樣。倘若我沒有機緣遇到您，我將永遠飽嘗地獄之苦。今天幸能遇見佛世尊，我才能藉此無限功德，打破所有世人迷妄的惡念。」

「大王，你必能打破許多人的惡念。」

「世尊，倘若以我的力量，能打破天下衆生的惡念。那麼，我也願意替代衆生。永遠承受地獄之苦，毫無遺憾。」

此時，摩伽國的百姓也都滿懷善心。由於人民起了善心，才使阿闍世王的所有罪孽逐漸減輕。接著，王妃和侍女們也都起了善心。

阿闍世王無限歡喜之下，深知一切功勞皆得自耆婆，不禁十分感激地對耆婆說：

「耆婆，我在垂死之中得到天身，竟能得以長命。捨棄無常之身，而得到了常身，更能當了佛弟子。不僅這樣，又能讓許多百姓和宮中的僕役們，都起了向善心，這些全是你的功勞。」

阿闍世王接著作偈讚嘆佛陀：

「實話實說非常巧妙，勸告和說明的技巧亦很高明，
深奧的秘密寶藏為衆生而開啓。
為芸芸衆生而活用各種譬喻和語言來解說，
且也兼備不少例證，來治療衆生的病。
有人聽了這些話不相信，有人半信半疑，話雖如此，
但也都會了解佛的說法。
諸佛說法深入淺出，
都是覺悟之道，理應皈依世尊。
佛的話彷佛大海的水，性質相同，皆是基本和重要的道理，
世尊剛才說的各般妙法，不論智愚和男女，都應該了解。
大慈大悲，苦行修道，旨在為天下蒼生，所以，世尊才成為慈悲的父母。
由此可見，一切有情衆生都是佛陀的弟子。
我從今以後會誠心供養佛法僧。
我現在受益良多，想把功德廻向佛道，
讓三寶存在世上，我很有心供養三寶。

因為供養而獲益良多，才想靠各種功德的力量，驅除衆人的苦惱，和各種惡魔打擾。
我因為愚蠢而受到惡友的誘惑，才會犯下重罪，
幸到世尊面前懺悔，才能死而復生。
天下衆生呵，我們一齊在菩提道上努力，
以淨潔與悔改的心來思念諸佛。
要讓天下一切有情衆生，破擊迷妄的黑暗，
好像文殊菩薩洞悉佛性的深處。」
待阿闍世王唱完了偈，便聽佛陀也在讚嘆阿闍世王說：
「大王，讓天下有情衆生都能起善心，也是在美化諸佛。你在遙遠的過去世，曾跟隨毘婆尸佛起過善心。因此，才不曾受過地獄之苦。可知善心的果報非同小可，倘若你以後也肯一直懷著善心來種善根的話，那麼，必會讓許多惡業隨之消失。」
阿闍世王和全國老百姓，聽到如此圓融珍貴的佛法，便在佛前繞行三次，之後，才離開婆羅雙樹。至於犯下大罪的國王，痛改前非，大徹大悟，才會努力推行善政，讓百姓們得以安居樂業。

（譯自『涅槃經』第十七、八）

三、阿闍世王經

（後漢時代，月氏出身的三藏法師、支婁迦讖漢譯）

第一節　佛的聚會

我好像聽到這樣的情形。有一次，佛在羅閱祇耆闍崛山上，座下有一萬兩千位比丘，和八萬四千位菩薩眾聚集在一起。

這群菩薩全是德高望重的聖者。他們全都得到陀羅尼，也克服了一切障礙與慾望。同時，也都得到「無所從生法」這套真理，體悟了三昧和智慧。所以，他們知曉所有人的心理動向，會依人的希望說法，讓他們都能得到滿足。

四天王、帝釋天、梵天和其他諸神，以及無數的龍、夜叉、犍陀羅、阿須輪、迦留羅、真陀羅、摩休勒、人和非人等都來聚會。

靈鷲山

佛陀經常居住和說法的地點。從前，山前盆地熱鬧非凡，不時看見修行的衆比丘，而今一片靜悄悄。

第二節　文殊師利的聚會

這時候，文殊師利在靈鷲山的另一個場所跟二十五位上人在一起。這二十五人全都是菩薩，也全都有正式名號，他們是：

(1)、若那師利
(2)、那羅達
(3)、師利三波
(4)、師利劫
(5)、波頭師利
(6)、波頭師利劫
(7)、闍因陀樓
(8)、陀羅尼陀樓
(9)、羅陀波尼
(10)、羅陀牟訶多

(11)、私訶末
(12)、師訶惟迦闍俱羅
(13)、加那迦闍
(14)、沙訶質兜波沈摩遮迦波括鎮遮
(15)、薩和波陀
(16)、波坻盤拘利
(17)、沙竭末
(18)、摩訶覆樓耆
(19)、非陀遮阿難陀
(20)、譬叉波貿耆羅耶
(21)、阿難陀陀藍
(22)、惟訶羅
(23)、摩抵吒沙牟迦抵陀
(24)、阿喻達
(25)、薩和頞悉

上面是二十五位上人的名字。

還有兜率天的四位神也來到文殊師利的地方，他們都要來聽法。他們的名號是：

(1)、沙摩陀鳩遬摩

(2)、羅無拘遬摩

(3)、漫那羅犍陀沙訶

(4)、漚術曇惟訶

除了這四位神以外，還有幾位神也來自其他天界，反正都是來聽文殊師利說法。

第三節　怎樣得到佛的智慧呢？

待諸位上人和諸神紛紛就座以後，大家便開始討論。「佛的智慧非常尊貴，既沒有窮盡，也不可思議。既無法推測，也不能度量，更不能靠穿鎧甲（僧那）來獲悉佛的智慧。」「那要用什麼方法和方便，才能到達無極的智慧，乃至一切智和不可思議的程度呢？」大家都提出這個問題來。

(1)、慧首菩薩（若那師利）說：「從不厭於累積功德，也不期待去累積功德。倘若能夠這樣，應該可以到達無極的智慧。」

(2)、惠施菩薩（那羅達）說：「經常保持內心的平靜，滿懷喜悅與柔和。落實佛的教誨、穿緊精進的鎧甲向一切智的目標努力。若能這樣，便能達到無極的智慧。」

(3)、具足平等菩薩（師利三波）說：「無法測量修行所要的劫數。等待修行人的未來劫數也是無數的，但卻算不出來。這要穿上精進的鎧甲。因為穿上鎧甲以後，才能保持平常心（不自貢高）。若能這樣，才能到達無極的智慧。」

(4)、具足行菩薩（師利劫）說：「只要不念念不忘自己的平安，就能到達無極的智慧。不在乎自己的平安，就是希望天下蒼生都能平安。若要擁有這種心境，便不要念念不忘有報酬，而得盡力讓天下蒼生都能平安。若能這樣，便能到達無極的智慧。」

(5)、蓮華具足菩薩（波頭師利）說：「若不能制御自己的心境，便不能制御別人的心境。只要能制御自己的心境，便能制御別人的心境。倘能這樣，便能到達無極的智慧。」

(6)、蓮華具行劫菩薩（波頭師利劫）說：「如果追求慾望，便不能克服慾望。不去追求慾望，才能克服慾望。不管能不能如願，菩薩都會淡然處之。不論碰到苦惱或快樂，被人指責或稱讚，碰到善事或惡事，都一點兒也不拘束。原因是，他們會克服憂愁與喜悅。倘能這樣，就能到達無極的智慧。」

⑺、制持諸根菩薩（闍因陀樓）說：「不會考慮到別人有功德，自己便想要有的念頭。若有這種想法，便達不到無極的智慧了。應該考慮『只有自己、沒有別人』。反正先得想到天下蒼生才對。『一定要把真理讓給不懂真理的人明白。因此，我時刻都要努力精進。希望能把真理教給芸芸衆生。』凡是能夠這樣思量的人，才能達到無極的智慧。」

⑻、持行如地菩薩（陀羅尼陀樓）說：「譬如地上的一切樹木、藥草、家屋和城廓等，全都要仰賴大地才能存在。大地沒有地方存放，那些全部依賴大地才能活著。然而，大地並不會為這些重擔而煩惱。照理說，菩薩也要懷有這種心態才對。大地既不歡喜、也不發怒，同樣地，菩薩也要讓天下蒼生各得其所，以超然態度面對，而不索求任何報酬。倘能這樣，便能到達無極的智慧了。」

⑼、寶願菩薩（羅陀波尼）說：「自己應有崇高的理念，不要自卑。菩薩在夢裡也無二心。意謂菩薩的心不像阿羅漢與辟支佛。他的行持彷佛不離一切知的寶物，不要失去天下蒼生的心。他的心不會像貪求寶物那樣，誰來索求，便肯慷慨讓給誰看，引導對方朝向大乘。原因是，無心與心一樣，而無心的智慧即是心的智慧。那是由於心沒有增

加或減少的緣故。所以，他的心不吝嗇。倘能這樣，便能到達無極的智慧。」

⑽、寶印手菩薩（羅陀牟訶多）說：「看到世人在五道的世界不停地輪迴，那種樣子便像掉進海裡一樣。菩薩看了便以一切知的胸懷起憐憫心，而伸出救援的手。那就是向無知無識的人伸出知識的援手；向貪婪心重的人，伸出無慾的援手；向不守規矩的人，伸出道德的援手；向容易瞋恨的人，伸出忍耐的援手；向懶惰的人，伸出勤勉的援手；向內心散漫的人，伸出注意集中的援手；向沒有智慧的人，伸出智慧的援手；向不積功德的人，伸出功德的援手；在功德的手上，按有三個法寶的印。這三個法寶是什麼呢？㈠是教化一切衆生都能有佛的智慧，㈡是把功德這項裝飾，從自己身上拆下來給別人，㈢是把一切法都要看成虛空。因此，這隻手叫做法寶的手，而有三個『印』。倘若這樣，便能到達無極的智慧。」

⑾、師子意菩薩（私訶末）說：「只要披上這件無畏的鎧甲，便什都不怕了。既不恐懼，亦不膽怯，身上不起疙瘩。原因是，他不嫌惡生死世界，也不愛進入涅槃。不論處在苦或樂的情狀下，都一樣活著，而不起分別心。倘能這樣，便能達到無極的智慧。」

⑿、師子步過無懼菩薩（師訶惟迦闍俱羅）說：「那些卑劣弱小者根本不能得到無極的智慧。只有大士（菩薩）才能得到。原因是，他遠離諸惡，不會諛諂，很純樸，不

傲慢、不發怒，亦無瞋恚心。由於誠實，才無邪淫的念頭和惡心。用智慧的光明驅逐無知的黑暗。身、口、意的行為既不激烈，也不遲鈍，所談的內容都很正確，不失原來的目標。做法不怠慢，應該有所成就。那是因為非常誠實的緣故。大家都會浸在法喜裡，不惜為法捨棄性命。其所以會這樣，那是不能捨棄芸芸衆生的緣故。施予時會毫不痛惜。原因是，這樣能讓他們得到實質的緣故。若有人在正道，會令他離開邪道；遇到貧困的人，會給予財寶；遇到病人會給予醫藥；碰到恐懼的人，便會護衛他；遇到低劣的人，便給予開導；碰到邪道的人，便會提供正道；碰到無知之輩，便給予智慧。只要一切都順利或上軌道。那還會生什麼埋怨與憤怒呢？大士用這些來超越生死世界，因為他堅決相信自己所能經驗的事，統統都是空。倘若這樣，便能到達無極的智慧。」

⒀、紫磨金色菩薩（加那迦闍）說：「思念人的心情彷彿虛空一樣。因為他的思念覆蓋天下蒼生，偉大的慈悲遍及各處。他常常心生歡喜，臉上現出高興。他的心不會放在各種慾望的快樂上面。布施如虛空無所不予。那麼，戒律、忍耐、精進、瞑想和智慧也一樣。倘若這樣，便能到達無極的智慧。」

⒁、發意即轉法輪菩薩（沙訶質兜波沈摩遮迦波括鎮遮）說：「不會讓惡魔有機會使菩薩發心，亦不讓諸佛與諸神失望。凡已經發心者應該轉動法輪，因為他們已經起了

殊勝心。因為一切存在無所生。倘若這樣，便能達到無極的智慧了。」

⒂、諸語自然普無不入菩薩（薩和悊波陀）說：「菩薩的心可以進入所有的地方。原因是，各種存在依然故我，全都是空。所說的一切也是空，彷彿進入每個空間一樣，菩薩的心也是這樣，無所不入。倘能正確地了解他的說話，那麼，他的智慧便會明白一切。若能這樣，便能到達無極的智慧。」

⒃、樂不動菩薩（波坻盤拘利）說：「各種發音都似沒有聲音，各種聲音也都抓不住。如果明白這個道理，便會不喜、不樂，亦不怠惰。原因是，彷彿泰山受到風吹也不會動搖一樣，菩薩的心碰到喜歡或厭惡的聲音，既不歡喜，也不懊惱。原因是，不執著的緣故。所謂不執著，是指佛的說話和外道的說話，統統都是空和不存在。不論要主張什麼，到底有界限。因為知道界限，內心才不會動搖。這種人會迅速到佛的境界。」

⒄、海意菩薩（沙竭末）說：「心境像大海一樣，可以無限制接受智慧。大海聚合各個河川，形成一種味道，同樣地，菩薩也是統合各項教理，而形成一項教理。因此，那是很微妙的，別讓它跟十二因緣有所差別。法身（佛的教法）的增大或減少都不考慮。為天下蒼生作功德，也把造好的功德布施給天下蒼生。這叫做不可盡功德。既不執著，也不絕望，要靠意志力制御自己。任何行為全都看成一種，這樣一來，凡肯發起菩薩

心的人，便是披上鎧甲到達無極的智慧了。」

⒅、大光明菩薩（磨訶麗樓耆）說：「若要擁有菩薩的心，就得有佛的智慧與光明。這些是普通俗人做不到的。菩薩學習怎樣把光明照耀一切？原因是，他想知道怎樣把法落實在世間？他學習下列的事情。布施時，一定要像光明照耀萬物一樣。守戒律時，一定要像光明照耀萬物一樣。實踐忍耐、精進、瞑想和智慧行時，一定要像光明照耀萬物一樣。倘若這樣，便能到達無極的智慧。」

⒆、焰明菩薩（非陀遮阿難陀）說：「先用功德慧心清淨眼睛，再看世間的存在物時，便沒有什麼可厭的東西了。至於聲音（聽覺對象）、香氣、美味、觸覺和法理也一樣。因為這六種東西都很清淨的緣故。那麼，這六種東西是什麼呢？就是眼睛、耳朵、鼻子、舌頭、身體和意念。心境被污穢掩蓋時，便不能享樂了。因為心境清淨所使然。每當他看到人，便想讓他有機會學佛。倘若有人來央求自己喜歡的東西，自己亦不惋惜，給了他也不後悔。倘能這樣，便能到達無極的智慧了。」

⒇、可意王菩薩（譬叉波貿耆羅耶）說：「即使被打被罵也不會發怒，只會想到事情的本質。那麼，要怎樣思考事情的本質呢？即為何會挨罵呢？為何會讓他動怒呢？至於挨打的情形也一樣。因為自身的內在空空如也，才不起任何意念。因為自己的外在是

空，才會毫無疑問。根本不認同自身的存在，同樣也不認同別人的存在。這樣一來，若有人來索求自己的手腳、自己也會歡喜給他。若有人來索求自己的頭顱，則會加倍歡喜。如果有人來索取城鎮、寶物，也不會珍惜，照樣會慷慨給他。如果有人央求自己的妻子與子女，也會立刻布施，坦然去實踐。如肯熟讀這部『阿闍世王經』，縱使只能理解一章，歡喜之餘，會連想當金輪王的念頭都沒有。若能向芸芸衆生講述這部經，那也不想當帝釋天了。一個人若能發心學做菩薩，連想當梵天的念頭都沒有了。若能有機會遇到佛，那麽，連世間的一切珍寶都不想要了。倘能這樣，便不會怠惰，反會歡喜地到達無極的智慧。」

(21)、所視無底菩薩（阿難陀陀藍）說：「不論看見什麽東西，都不會暗想那是自己的東西。不論發現任何清淨的佛國土，都不以為它到底存不存在？即使看見諸佛，也都不考慮他們的姿態怎樣！因為一切都是法身。不論看見任何人，也都沒有所謂人這個觀念。因為他有德眼（肉眼），能把一切都看成很清淨；因為他有道眼（天眼），具有神足；因為他有慧眼，知道存在物並非貪慾的對象；因為他有佛眼，具足十八種法；因為他有法眼，具足十種力量。倘能披上這種鎧甲，便會到達無極的智慧。」

(22)、作無底行菩薩（惟訶羅）說：「菩薩的一切行為都好像一切知者（佛）的行為。因為他不會受制於任何事物，不停留在任何事物上面。在他看來，各個存在都不是應該停留的東西。因為菩薩依這個規則行事，才不會受制於各種煩惱。這樣怎會掉進煩惱世界裡呢?既不墮入罪惡裡，也不會陷入破滅中。因為菩薩沒有拋棄佛法的緣故。因為不犯非法，才能免於非法所引起的破滅。倘能這樣，便能到達無極的智慧了。」

(23)、說息愛意菩薩(摩抵吒沙牟迦抵陀)說：「對任何存在，都不懷我見。因為這樣，才能讓魔物失靈失效。自己知道不存在，也知道不該做。若知道不該做，便會制御五陰。若能制御五陰，便不會著魔。因為超越魔物的世界，所以在實踐中道時沒有任何妨礙。那位超越魔界，脫離妨礙的菩薩摩訶薩，便是到達無極的智慧。」

(24)、所起即悔菩薩(阿喻達)說：「做壞事會心生懊悔。做善事才會心安。因此，一定要努力做善事。身體的行為不要被人指責。嘴巴說話或心意表現，也不要讓人指責才好。倘若發現他陷入憂鬱裡，就要用智慧的教理來解除他的憂愁。這是菩薩摩訶薩的行為，他會藉此到達無極的智慧。」

(25)、得一切願菩薩(薩秵頞悉)說：「若肯遵守佛教的清淨戒律，便能成就願望。只要遵守佛教的清淨戒律，才不會犯俗戒。因為不會犯俗戒，便能得到三十七品根本，像一切知者(佛)一樣。凡肯遵守佛教的清淨戒律，跟不犯三十七品，便是菩薩摩訶薩的行為，他會因此而到達無極的智慧。」

(1)、普等華天子（沙摩陀鳩遬摩）說：「菩薩彷彿長花的樹木，讓人看了都會生歡喜心，也都能沐浴在他所造的功德恩惠中。這種情形猶如忉利天的拘耆樹，開放燦爛的鮮花，衆神看了都很快樂。菩薩用法為芸芸衆生改造眼睛，這個眼睛像花一般。天界的摩尼珠既無瑕疵、亦無汚穢，菩薩的心境也像這樣清淨。倘若這樣，便能到達無極的智慧了。」

(2)、光明華天子（羅無拘遬摩）說：「只要太陽一出來，一切黑暗就會消失，萬物才能看得見。同樣地，菩薩用智慧照明萬物，當無知的黑暗逐漸消失，才能現出明亮的智慧。那是由於黑暗絕對不能遮蔽菩薩的光芒。他把光明給予黑暗中的東西，也會給他們指示途徑。如果道上的行人和迷路人，都能得到菩薩的指示，才知道怎麽走，倘能這樣，便能到達無極的智慧。」

(3)、天香華天子（漫那羅犍陀沙訶）說：「曼達拉華會把香氣飄向上下四方四十里的範圍。同樣地，菩薩會把戒律、三昧與智慧的香氣播放出去。三千大千世界的芸芸衆生都能聞到這股香氣。這種香氣能醫好無數的病人。倘若這樣，菩薩便能到達無極的智慧了。」

(4)、信法行得天子（漚術曇惟訶）說：「應該遵守教法，遵守教法時，不要生起怠慢心。既不怠慢，也不執著修行的成果。他應該實踐以下十件事。那就是六波羅蜜、四等心、五句、四事、聽三脫忍辱，考量別人的利益，讓人起信仰心、不離身體、用善巧方便讓人信仰佛法，信仰也要保持平靜的心態。倘能這樣，便能到達無極的智慧。」

第四節　文殊師利談到佛的智慧

文殊師利向諸位上人與諸神說：

「菩薩停留在無法停留之處（即菩薩住無所住），這是怎樣的情形呢？在三界裡，不以三界的觀念來修行。不修行者是正信佛教徒，而不想要修行的人是邪教徒。雖然是邪教徒，但跟聲聞的不修行有所不同。同樣地，這也不同於辟支佛的境界。學習者是生死，所要學習的是無知。學習者是概念（名），而所要學習的是物質（色）。學習者是因緣，而所要學習的是現象（有所見）。學習者是愛，所要學習的是原因（有所根）。學習者是我，所要學習的是非我。學習者是貪欲，所要學習的是，在布施時也不會想到自己曾經布施了什麼。學習者是破戒，所要學習的是，守戒時也不會傲慢。學習者是憤怒，而所要學習的是，忍耐時也不得傲慢。學習者是怠惰，而所要學習的是，在精進時亦不傲慢。學習者是精神散漫，而所要學習的是，聚精會神時亦不傲慢。學習者是無知，而所要學習的是，得到智慧時也不傲慢。學習者是無功德，而所要學習的是，積了功德亦不傲慢。學習者是世俗的真理，而所要學習的是，體會宗教真理也不傲慢。學習者是無解脫，而所要學習的是，解脫也不傲慢。學習者是罪惡，而所要學習的是，無罪也不高傲。學習者是不究極，而所要學習的是，到達究極也不高傲。

菩薩是學習難以學習的地方（菩薩習無所習）。他遵守一切而不執著，亦不丟棄。倘若這樣，便能到達無極的智慧。若一切存在這樣便不能把握。原因是，這裡既無進入的地方，亦無難進的地方。若知道這個，便叫一切知。或者到達一切知的境界。什麼都知道便是一切知的情狀。獲得一切知是不能以物質現象的角度來掌握。它也不是在感覺、想念、意欲和判斷等次元內的現象。它不列入存在裡面，亦不列入非存在裡面。施予一切知也不存在。因為施予也不離一切知。至於戒律、忍耐、精進、瞑想和智慧也一樣。因為一切知陪伴戒律、忍耐、精進、瞑想和智慧。沒有任何地方是一切知進不去的。

一切知已經消失了嗎?以後會出現嗎?現在還有嗎?諸如此類的問題都不存在。因為它超越時間的界限。

文殊菩薩的壁畫

文殊騎獅子，被諸菩薩和天龍八部等層層圍住。敦煌第159大窟。中唐。

一切知是肉眼看不到的，也不能靠耳朵、鼻子、舌頭、皮膚和心意來認識。因為它超越認識的世界。

不論男女，若想得有一切知，就一定要停留在一切知上面。但要怎樣停留呢？不留在任何事物上面，即等於停留在一切知上面。什麽是一切事物呢？那就是不要認為那是我的東西。那叫做一切知。任何人都跟佛一樣，這種一視同仁即是一切知。

若想獲有一切知，就得在四個元素世界內獲取。因為自己不認爲有自己的存在。其所以會這樣，那是靠事物存在的因緣。

有人說，有功德行為這回事，其實沒有。有人說，那是我的東西，其實沒有這回事，所謂我者是不存在的。因為不存在，才不想去掌握。雖然有人說能掌握得到，然而卻沒有東西會變成我。表面上看，好像有這回事，實際上沒有。若能理解什麽也不會生起，甚至連智慧也不會生起，這個才是一切知。」

當文殊師利說到上面的情形時，兩千位神才確信所謂不生這套真理，一萬兩千人也對平等一如的最高真理起了信心。

第五節　化身佛的說法

樂不動菩薩向文殊師利說：「我們何妨一起到精舍去問佛，菩薩到底住在什麼地方呢？」

此時，文殊師利讓化身如來出現在座上，這位化身佛的容貌和衣服都彷佛釋迦牟尼佛。

文殊師利告訴樂不動菩薩說：「現在我來答覆你的質詢，佛就在眼前，何不去請教他關於菩薩的住處？」

樂不動菩薩不知他是一位化身佛，便走前去跪下問道：「怛薩阿竭呵！菩薩到底住在何處呢？」

化身佛說：「就像我的活動情形（住）一樣，菩薩也是這樣活動的呀。」

「佛到底是怎樣活動呢？」

佛說：「不受施與所拘束，亦不受戒律、忍耐、精進、瞑想和智慧所拘束。不受慾望所拘束，亦不受物質所拘束；不受非物質所拘束，亦不受身體行為所拘束；不受言語行為所拘束，亦不受心理行為所拘束。因為任何現象都不會形成執著的對象。」

佛質詢樂不動菩薩：「化身會活動嗎？」

「不會。」

佛說：「化身不會活動，菩薩也跟這個一樣。」

樂不動菩薩問文殊師利說：「這位佛不是化身佛嗎？」

文殊師利回答：「你知道一切存在都是幻象嗎？」

「一切存在的確是幻象。」

「如果明白萬物都如幻象，那你為何還要問我佛是化身佛嗎？」文殊師利點頭說：「你要知道所有的佛都是幻象。」

樂不動菩薩質問文殊師利說：「佛從哪兒幻想出來的呢？」

文殊師利說：「一切現象都有清澄的地方，就從那兒幻想出來。」文殊師利繼續說：「所以，佛沒有吾、沒有我，也沒有人、沒有魂、沒有命。既不存在佛的身份，也不存在凡人的身份。」

樂不動菩薩再向化身佛問道：「到底要學什麼才能成佛呢？」

佛說：「不學習就是菩薩的學習。為何會這樣呢？我不考慮要不要求他，既不憂慮，也不歡喜。既無關係，也無教化。既無想見，也無處所。既無想念，也不用字。既不執著物質的存在，也不希望任何事物，這是菩薩的學習。學習這個也是學習平等一如。這種學習既不執著，也不受拘束。這種學習沒有貪慾、沒有動怒，亦不會無知。這種學習既無所愛的對象，也沒有憎恨的對象。不會認為這種學習就是自己的學習，或學習就是如此。這種學習不會落入惡道。」

佛說：「若要發無上正等正覺心，希望成佛的話，你們不妨學習我的做法。」

樂不動菩薩問：「佛的學習是怎麼個情形呢？」

佛說：「不犯罪，不陷入罪惡裡。既不施予，亦不吝嗇。既不守紀律，亦不糟踏紀律。既不忍耐，亦無憎恨。既不精進，亦不怠惰。既不坐禪，亦不讓精神散亂。既無智慧，亦非愚蠢。既不當菩薩，亦不修持佛法。既不認為自己有身體，亦不以為別人有身體。不想念眼前的東西，不以為它有真理，也不以為它沒有真理。亦不認為有無想。」

佛說：「如果理解上面的事，菩薩就應該這樣學習。因為一切存在全部如幻象，這是它的特徵。一切存在全部歸於一。原因是，即使有無數的存在，只要仔細觀察，那麼，那些全都是空，也是非存在。歸於一，都是空。一切存在都看不見，因為一切存在大體相等，彼此沒有區別。一切存在全部默默不語。原因是，存在沒有語言。因此不能說這裡有這個。原因是，一切存在都生不起來。如果確信這個，那麼，既無修行的想法，亦無解脫的想法，成了菩薩也不會傲慢。」

佛說：「這個學習完了，便會去掉各種恐怖。之後，才名符其實為菩薩。例如虛空不怕火、不怕風、不怕雨、不怕煙、不怕雲、不怕雷雨、不怕電光。原因是，虛空就是虛無的存在。菩薩也跟這個一樣，都是空，無所畏懼。因為菩薩的心彷彿虛空，才能降伏諸魔，成佛作祖，保護天下蒼生。」

佛說到這裡，立刻失去了蹤跡。

第六節　化身佛的去處

樂不動菩薩問文殊師利說：「怛薩阿竭到哪兒去了？」

文殊師利回答：「他從某處來，就回到某處去。他所去的地方，正是他來的地方。」

樂不動菩薩對文殊師利說：「如果是幻想的人，當然，他既無來處，亦無去向，但是，所謂來處是指什麼呢？」

文殊師利回答：「這種幻想的人既無來處、亦無去向。其實，天下萬物也一樣。既無來處，亦無去向。」

樂不動菩薩問道：「天下萬物都在何處呢？」

「就在自己的地方。」

「天下蒼生在何處呢？」

「自身依照自己的行為，落腳在自己的地方。」

「天下萬物不是都沒有行為嗎？也不都沒有罪嗎？」

「的確如此，天下萬物也都沒有行為。沒有罪，在它們的存在裡沒有行為者，亦無犯罪者，一切都歸入法身。」

樂不動菩薩向文殊師利說：「如果說沒有行為，也沒有罪的話，那麼，為什麼說人人都要承受自己行為的後果呢？」

「你不妨仔細想想所謂『人』的存在。他既無行為，亦無罪。因為人在本質上即是法身。沒有行為、沒有罪，並承受自己的行為結果，這三者都是一樣。」

樂不動菩薩向文殊師利說：「這三者果真一樣嗎？」

「跟怛薩阿竭完全相同，所以，這三者是平等的。」

「怛薩阿竭沒有行為、不犯罪、不承受行為的結果，而為什麼三者會相同呢？」

「怛薩阿竭沒有行為、不犯罪、不承受行為結果，即使有行為，也犯罪，也要承受行為結果，那也是沒有差別，完全平等。因為罪是過去、看不見。過去與未來互不離開，這是怛薩阿竭以往說過的教法。」

第七節　佛邀請文殊師利

此時，釋迦牟尼佛身邊有舍利弗、阿難和其他比丘尊者都得到佛的神威，才能聽得到文殊師利的說法。

舍利弗說：「好啊，好啊，上人的說法太殊勝，他的教理感動所有的人。法身的教理原來如此，凡是有智慧的人聽了會不起信仰心嗎？」

佛說：「如果仔細聽他的說話，所謂『菩薩是沒有學習的』，這等於說菩薩是學習的。他說話平等無差別，沒有錯誤。像他播下的種子，會得到收穫。菩薩學習的是智慧，他的說法完全是智慧的說法。」

佛對舍利弗說：「你有了聲聞的學問，如果肯學習，也能得到這種智慧才對。」

頂中光明菩薩向佛說：「聲聞的學問是怎麽回事呢？菩薩的學問是怎麽回事呢？」

佛陀與文殊

佛陀坐在裡面，面向外邊。中央稍右，向左坐的是文殊菩薩。這幅圖畫是「維摩經變相圖」的一部份。左邊坐著維摩詰居士，跟文殊相對。文殊背後有比丘、菩薩和天龍八部等。下方聚集王公大臣、貴族顯要，都來聽文殊和維摩居士說法。有一群菩薩從右上方朝斜下飛來，中央左手邊有兩人端著盛飯的缽。敦煌第138窟。晚唐。（『敦煌莫高窟』）。

佛說：「聲聞的學問有界限，也有執著。既無界限，也無束縛，便是菩薩的學問了。聲聞的學問小又缺乏智慧。菩薩的學問寬大，也有無限的智慧，在說法時沒有拘束。」

光智菩薩向佛說：「怛薩阿竭啊！感動之餘，何不把文殊師利和他座下一群人叫過來，如果他們肯到這裡來，那麼，聚集在此的群衆，便能統統聽到他的說法了。文殊師利所說的很深奧，凡想聽法的人，也會依照自己的才能，而得到應有的受用。」

佛聽了很感動。文殊師利跟二十五位上人和諸神果然紛紛前來了。他們走到佛面前頂禮後坐下。

光智菩薩向文殊師利說：「佛住在這兒，你為什麼去別的地方說法呢？」

文殊師利說：「我所以不到這裡說法，是因為佛太尊貴了，我實在望塵莫及。我的說話到底符不符合佛的意思，我都不明白。所以，我才到別處去。」

光智菩薩問道：「那麼，怎樣說法才符合佛的意思呢？」

文殊師利答說：「佛自己明白。」

「佛沒有說，你說說看吧！」

文殊師利說：「我的知識淺薄，不過，讓我說一下也好。」

光智菩薩說：「那麼，請你說來聽聽。」

文殊師利說：「所說的事情跟所說的存在必須要一致。那就像不能說怛薩阿竭的本質，也跟不能說真實的存在一樣。一五一十把存在說出來，才符合怛薩阿竭的意思。既無事物要執著，也無事物要忌諱。既無依存的現象，也無被依存的事物。既無增大的事物，也無減少的事物。倘若這麼說，就符合怛薩阿竭的意思了。自己好像沒有減損什麼，別人也好像沒有減損什麼，別把存在的事物看成非存在。無意去除煩惱。不忘涅槃。倘若這麼說，便符合怛薩阿竭的意思了。」

佛說：「好極了，好極了。文殊師利的說法符合怛薩阿竭的意思。他所說的既不多，也不少，正是中庸合適。文殊師利依據三昧說法，對於正確的教法一點兒也沒有增加或更改。既看不到天下萬物的增加，也看不到它的減少。文殊師利的說法符合怛薩阿竭的意思。」

當佛說到這裡，八百位諸神才紛紛對不生的真理懷有堅定的信心。

第八節　佛鉢的奇蹟

這時候，另外兩百位神也在座位上。雖然，他們對覺悟有些信念，不過，他們的心容易動搖，有意思要退轉。他們在心裡尋思，佛法沒有界限，所以要成佛非常艱難。我們不想學習菩薩的學問，不如成就阿羅漢和辟支佛，再入涅槃算啦！

佛知道他們有能力當菩薩，而今想要退轉，便迅速用神威讓一位長者出現。只見這位長者手持鐵鉢，鉢裡放有百味飯，走到佛的面前頂禮，再一面呈上鉢飯，一面稟告：「請佛接受這鉢的飯。」

佛一接到鉢飯，便聽到文殊利從座位起立，合掌向佛說：「佛吃飯時，不妨回想一下昔日的恩情。」

舍利弗聽了暗忖：「在前世，佛有過什麼遭遇呢？文殊師利竟要求佛得回想以前的恩情。」

於是，舍利弗向佛說：「文殊師利在前世有過怎樣的功德，竟敢這樣對怛薩阿竭說話呢？」

佛說：「你待一會兒，等我來回答你的疑問。」

只見佛把手上的鉢往地面一丟，這個鐵鉢便鑽入地底，經過好幾個佛國土。鐵鉢經過七十二恆河泥沙的佛國土，最後到了漚呵沙佛國土（漢譯為明開闢）。在這個佛國土上，有一位佛叫做荼毘羅耶（漢譯為光明王）。鐵鉢到了那裡，便停在空中，任誰也拿

千臂千鉢文殊

根據說本圖出自不空譯的內容：『大乘瑜伽金剛性海曼殊室利千臂千鉢大敎王經』。每隻手都有鉢，而鉢裡也有佛。蓮華座彷彿蛇形捲曲的須彌山狀，令人想起耆那教神話的海攪拌圖。敦煌第361窟。中唐。

不到手。

當鐵鉢通過各國時，每個佛國有佛在，佛身邊的侍者們忍不住紛紛發問：「這個鉢到底從哪兒飛來的呢？」

這時候，諸佛答說：

「上方有一個國土叫做沙呵，那裡有一位佛叫做釋迦牟尼。這個鐵鉢正是從那兒飛過來的。為什麼會這樣呢？因為他要救渡那群退轉菩薩們的心，才用奇蹟來打動他們的心。」

釋迦牟尼佛吩咐舍利弗說：

「你去把那個鉢拿回來。」

舍利弗得自佛的神威，大顯智慧的力量進入一萬三昧，經過八千佛國土去。沒錯，他看到鐵鉢，但伸手拿不到鉢。於是，他只好從三昧裡出來，稟告佛說：

「我出去找到鐵鉢了，可惜，伸手撈不到。」

佛吩咐須菩提說：

「你去把鉢拿回來。」

須菩提進入一萬兩千的三昧，經過了一萬兩千個佛國土，雖然看見了鉢，卻也撈不到手。他只好離開三昧，回來稟告佛：

「我找到鐵鉢了，但拿不到手。」

接著，五百位比丘各顯神通，也都紛紛去找鐵鉢，可是，也都看得見拿不到。須菩提央求彌勒菩薩說：

「你有足夠的才能，下輩子會出生成佛。我們都出去找鐵鉢，結果都空手回來。看樣子，只有勞駕你去一趟了。」

彌勒答說：

「你說得沒錯，我下輩子會出生成佛。但是，我現在卻遠不如文殊師利所練的三昧，和他的聲望。你聽我說，當初我做佛的時候，有如恆河細沙那麼多人都是文殊師利，但也都不懂我的步行和舉手投足的意義。不過，現在的我，完全不如他。眼前除了央求他去拿鉢以外，也沒有別的辦法了。」

於是，須菩提稟告佛說：

「怛薩阿竭呵，請您吩咐文殊師利去吧。」

佛果然吩咐文殊師利快去把鐵鉢找回來。文殊師利默默地聽從命令了，但也在尋思：「我不在座位上起立，也不離開佛和群眾，當場把鉢找回來讓大家瞧瞧。」果然，他進入無所不遍入的三昧裡了。在大庭廣衆的注目下，只見他伸手碰到地面，手掌向下方伸出來。但他那隻手經過每個佛國土，觸及那裡諸佛的腳，下界響起一陣聲音說：「代我們向釋迦牟尼佛問好。」

手腕的每根毛都放出千百億的光線，而每條光線又盛開千百億朵蓮花。在每朵蓮花上面都坐著一位菩薩，他們全都讚嘆釋迦牟尼佛。當他的手腕經過每個佛國土時，就起了六種震動，那裡開放莊嚴的幢幡。當手腕通過時，文殊師利的右手觸及佛腳，也都聽到代他們問候釋迦牟尼佛的情況。

他的手腕通過七十二恆河沙的國土，到了荼毘羅耶佛的地方，便靠近荼毘羅耶佛頂禮，傳達釋迦牟尼佛的問候之意。只見手腕的每一根毛裡放出千百億光線，而從每一條光線裡，也開出千百億朵蓮花。在每朵蓮花上都坐著一位菩薩，他們紛紛讚嘆釋迦牟尼佛的功德。從文殊師利菩薩發出的光線，跟荼毘羅耶佛身上發出的光線，互不交錯，看來整然有序。

荼毘羅耶佛身邊有一位侍者，名叫光尊，是一位尊貴的菩薩。他問佛說：

「這隻手腕是誰的？柔軟美觀，毛孔會出現光線與蓮花，蓮花上坐的菩薩們，都在歌誦他們自己佛的功德。」

只聽荼毘羅耶佛說：

「經過七十二恆河沙國土的地方，有一個國家叫做沙呵，那裡有一位佛叫釋迦牟尼。這位佛的面前有一位文殊師利菩薩，這位菩薩披有不可思議的鎧甲，他的智慧浩翰，足以救渡天下蒼生。他坐在佛的面前，伸手到這裡來拿鉢回去。」

衆菩薩聽了一致起了一個願望，就老實稟告佛說：「我們彷彿口渴想喝水一樣，我們極想去看釋迦牟尼佛、文殊師利和他們居住的國土。」

這時候，荼毘羅耶佛便從眉與眉之間放出光明。這些光明照遍七十二恆河沙的國土，到達沙呵國，讓那裡的萬物都浮現在光明裡。沙呵國的百姓目睹這些光明，也都得到內心的平安，身體也像轉輪聖王那般充實了。諸位比丘都修得須陀洹的階位。有些到達三道以上的造詣，透過惟務禪成為阿羅漢了。衆菩薩沐浴在這些光明裡，獲得日明三昧了。

在荼毘羅耶佛國土的衆菩薩，從自己立足的世界看見沙呵世界的聲聞與菩薩，而且看到該處的汚穢，忍不住淚水直流說：

「好像有瑠璃跟摩尼珠掉進汚泥一樣。可惜呀！在沙呵國土上的衆菩薩，唉呀，真可憐，竟會生在那個地方。」

荼毘羅耶佛對波羇頭菩薩說：

「你不明白，也不能這麼說。原因是，在我國坐禪一千劫，也不及那裡的人從日出到午飯之間所做的慈悲行。在那裡的功德相當於我國所做的兩倍功德。那裡的菩薩很短命，只能修行很短時間，但會使罪惡統統消滅。」

在沙呵國，衆菩薩不禁問釋迦牟尼佛說：

「這些光明從哪兒來的？竟能使我們的身體這樣清爽。」

只聽佛答說：

「在下方七十二恆河沙佛國土的前面，有一個國土是漚呵沙。那裡有一位佛叫荼毘羅耶佛，那些光明是從他的眉間放射出來的。」

衆菩薩稟告佛說：

「請您告訴我們好嗎？我們極想去看漚呵沙國土和荼毘羅耶佛。」

這時候，釋迦牟尼佛便從腳下放出光明了。那些光明照遍下方七十二恆河細沙佛國土前面的漚呵沙國土，和那位荼毘羅耶佛。在漚呵沙國土的衆菩薩，目睹那些光明進入自己的體內時，紛紛體悟了摩伹低三昧（三昧是印度語言，漢譯『須彌光明』）。

漚呵沙國土的衆菩薩看見這個國土和那位佛。彷佛地上的萬物仰望太陽、月亮和星辰一樣，下界的蒼生看見漚呵沙國土，而漚呵沙國土的蒼生也看見漚呵沙國土和荼毘羅耶佛了。

文殊師利伸出右手拿到鐵鉢了。鉢跟幾千百拘利那數的衆菩薩一起上來了。文殊師利的手上升到各個佛國土上方，毛孔發出的光線與蓮花數量隨著減少，最後一切都消滅了，只剩下鐵鉢緊緊握在手上而已。在漚呵沙國土的文殊師利從座位站起來，向釋迦牟尼佛頂禮致敬，並且獻上了鉢，而釋迦牟尼佛把鉢接了過來。站在座下的衆菩薩紛紛向釋迦牟尼佛頂禮，報出自己國土的名稱。釋迦牟尼佛叫他們坐下，他們恭敬地各就各位了。

第九節　文殊師利是釋迦牟尼佛的恩人

佛告訴舍利弗說：「你剛才問到文殊師利的情形，我現在可以回答你。在數不盡的阿僧祇劫以前，有一位佛叫做勇莫能勝。那裡的國土叫做無常。佛的身邊聚集八萬四千位聲聞，和一萬兩千位菩薩。佛向三道——聲聞、辟支佛和菩薩——說明教法。

佛繼續說：「勇莫能勝佛據說在五惡塵世成了佛。那裡有一位比丘名叫慧王，體悟

孩童行布施

童子把泥土放進鉢裡呈給佛。

了經的真理。他拿著鉢在惟致國行乞。有一次，他得到佳餚和一些布施的食物。當時，有一個孩童出身高貴，名叫離垢王，被抱在奶媽的懷裡，走到城門外來。那個孩子遠遠看見慧王比丘時，便拼命從奶媽懷裡掙脫出來，走到比丘身邊要食物吃。

只見比丘遞給他一塊蜜餅。孩子把餅放進嘴裡，覺得味道甘美極了。孩童忘了自己的奶媽，竟跟在比丘後面走去。之後，他來到勇莫能勝佛的地方，向佛頂禮後，坐在一邊。慧王比丘把自己放食物的鐵鉢遞給孩童，吩咐他把食物呈上給佛吧。只見那個孩子果然接到鉢後，便把食物獻給了佛。當佛接到食物時，佛的鉢裡頃刻間都裝滿了食物，反觀孩童手上的鉢也裝滿了食物。於是，孩子拿著鉢在八萬四千位比丘和一萬二千位菩薩之間來回走動，他們鉢裡都裝滿各種食物，而孩子的鉢裡依然裝滿食物。

這種現象所以會發生，原因是佛用神通取悅孩子，也跟這個孩子的前世有豐厚的功德，才成就這種信仰心。

孩子走向前來坐下，不斷讚嘆佛說：「從手上的鉢裡，拿出食物獻給佛，佛爺的鉢裡馬上裝滿食物，而自己鉢裡的食物也不減。我把食物獻給衆比丘和衆菩薩，他們的食物也跟開始一樣裝得滿滿，我明白佛的神力無邊無量，才能讓利益增大。只要供養佛爺，功德會增加好幾倍。」

佛告訴舍利弗說：「這個孩子能用一鉢的食物，連續供養七天，而食物的份量絲毫不減少，跟原先一樣多。勇莫能勝佛教導這個孩子，讓他能皈依佛、法和比丘僧。之後，授予五戒，教他怎樣懺悔，也勸他要多積功德，讓他發起無上正等正覺心。

孩子的父母到處找尋孩子的下落，好不容易才找到佛住的地方。他們仰望著佛，走過來頂禮坐下。孩童發覺自己的爸媽來到，就走向前來招呼，並不斷讚嘆自己剛剛開悟的情狀：『我現在領悟了菩薩的教法，所以想發願信仰。原因是，要遇見佛太難了。』

孩子接著又說：『請你看看佛的莊嚴法相和特徵。他的智慧能夠遍及天下蒼生，他的教法能夠救渡衆生，請你們允許我當沙門好嗎？因為我今天能遇到佛實在太難得了。」

父母親說：「好極了，好極了。你想當沙門就去吧！你希望做的事，我也很歡喜。反正依你自己的志願去做好了。我們也起了信仰心，我們想倣效你，聽從佛爺的教法，我們現在就去處理房子和財產，之後，我們要向你看齊，去當沙門了。』」

佛告訴舍利弗說：「聽了孩子的話，父母和其他五百人全都發起無上正等正覺心（阿耨多羅三耶三菩心），在勇莫能勝佛座下當起沙門了。」

佛告訴舍利弗說：「我不妨答覆你的問題。當時的慧王比丘正是現在的文殊師利。那個出身高貴的孩童——離垢王正是現在的我。文殊師利給我食物吃，讓我積了功德，也起了信仰心。他正是前世使我最先發心的恩人。」

第十節　文殊師利是菩薩的父母

佛告訴舍利弗：「你要努力理解以下的事情。我身為佛陀有十種能力、四事、無所畏和不可思議的智慧，全部在文殊師利的誘導下得來的，因為發心正是一切的根源。」

佛告訴舍利弗說：「他們跟我一樣，那些無數佛國土的諸佛，都在文殊師利的誘導下，得到釋迦牟尼的稱號。還有無數位佛，例如提式佛、沸佛、式佛、提和竭佛、惟衛佛也一樣。」

佛告訴舍利弗說：「一旦給了諸佛的名號，歷經劫初到劫末的漫長時間，也都不會結束。尤其，這些位佛都是文殊師利誘導起來。其中，有些正在轉動法輪，有些已經進了涅槃，有些在修持菩薩行，有些在兜率天待機而動。有些尚在娘胎裡、有些剛出生、有些在出家求悟、有些坐在樹下、有些成佛了……多得不勝枚舉。」

佛告訴舍利弗說：「文殊師利是菩薩的父母，和艮友（迦羅蜜）。你剛才問我為何文殊師利會不理我的發言？那是因為我今天的成就，得自文殊師利的恩情，他有恩於我的緣故。」

此時，那兩百位諸神不禁暗忖：「凡來聽法的人，全都達到目的了。我們照理說也能如願才對。因為眼前的釋迦牟尼佛在文殊師利的誘導下發心，之後也成佛了。那麼，我們怎麼可以懶惰呢？」他們一想到這裡，便堅定信念，紛紛起了無上正等正覺心。

文殊師利看到自己伸手拿到鐵鉢的奇蹟，十分感激。對他們來說，無疑是初次發心的學習。漚呵沙國下方世界的芸芸眾生也都起了無上正等正覺的心。十方現在的諸佛用各類珍寶造成花傘，依據供養的儀式，覆蓋三千大千世界的諸國土。每頂花傘都發出聲

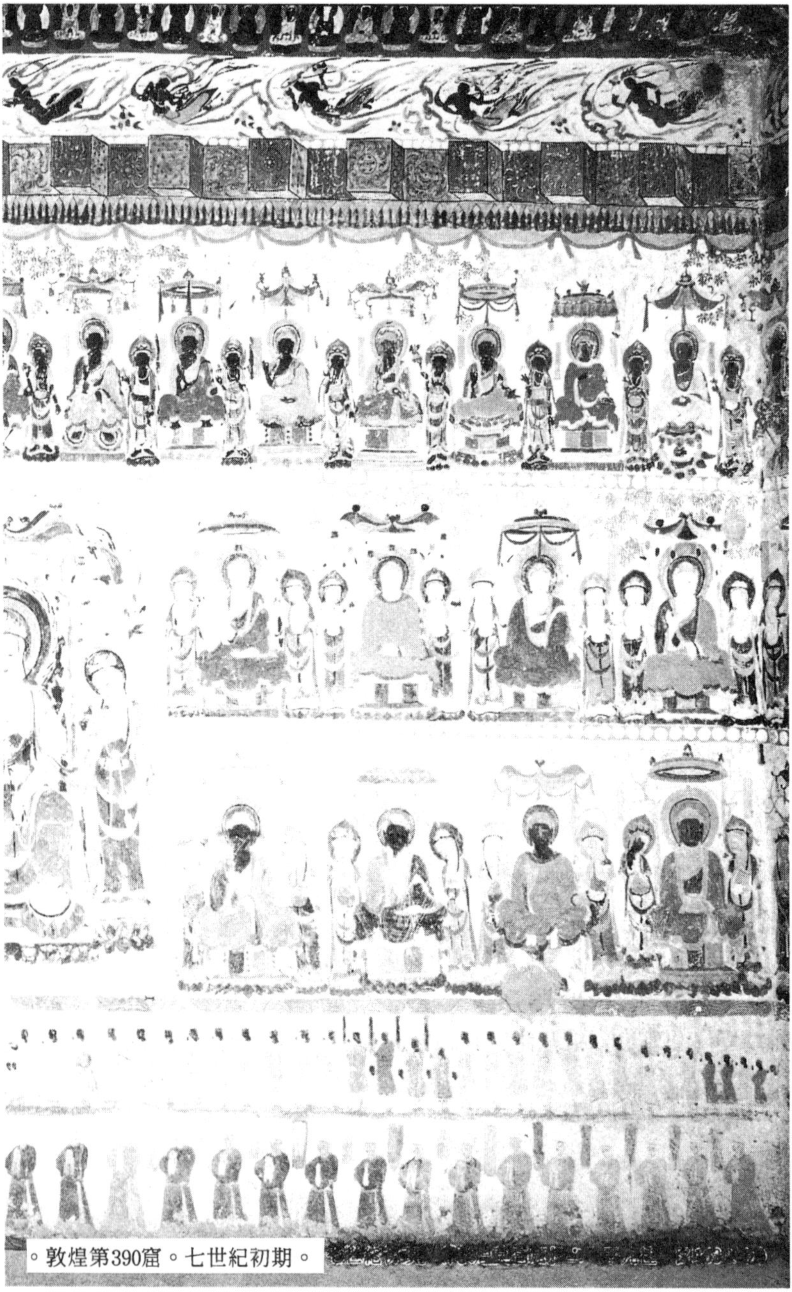

。敦煌第390窟。七世紀初期。

菩薩與千佛（壁畫）

菩薩與諸佛在說法，上邊看得見飛天。這幅圖畫頗能傳播大乘經典的氣氛

音，彷彿釋迦牟尼佛的喃喃話語。這種現象統統是文殊師利誘導出來的。

第十一節　三個孩童的心

佛告訴舍利弗說：「不論男女，若想早日入涅槃，就應該起無上正等正覺的心。世人如果害怕生死，而不能起無上正等正覺的心（留在這個世間沒有決心起慈悲行），只說：『要做聲聞，當阿羅漢早入涅槃』的話，那麼，這種人始終停留在生死界上，我也見過太多這種例子。反之，精進可以成菩薩，至於成佛的情形也一樣。你不妨聽聽這方面的例子。

在無法勝數的阿僧祇劫以前，有一位佛叫做一切度。壽命長達一萬歲，手下有百億名弟子。其中，有一名很尊貴的比丘，名叫莫能勝，智慧非常卓越。還有另一位尊貴的比丘，名叫得大願，具有非常優秀的神足。

有一次，怛薩阿竭披上衣服，手持鐵鉢，跟著一大群比丘到常名聞城行乞。那位頗有智慧的比丘向佛的右邊走去，那位有神足的比丘向佛的左方前去。另有一名叫悔智的比丘則跟在佛的後面前進。八千位菩薩在前面引導，其中，有些人的姿態彷彿帝釋天，有些人裝扮像神一般，有些像梵天，有些像四天王。他們吩咐市民快把街道打掃乾淨，好讓怛薩阿竭走路。」

佛告訴舍利弗說：「當佛進入都城，在街上走著，一條街走完一條街時，終於遇到三名出身富貴人家的孩童。他們年紀尚幼，穿著有趣的服裝，正在玩得起勁。其中一人遠遠看見佛和衆比丘的樣子很神氣有威嚴。他就把這個情形，用手指著前方說道：『你們看，怛薩阿竭來啦。好像月光帶著一群星光來一樣。』其他兩個幼童說：『看見啦。』剛才那名幼童說：『在人群中，以他的樣子最尊貴，沒有人比得上他。大家來供養他吧！因為供養他會功德無量。』兩名幼童說：『我們既無鮮花、又無香料，拿什麼去供養呢？』於是，只見剛才那名幼童迅速從身上取下一串白色連珠，拿在手上告訴其他兩名幼童說：『雖然只有這些東西，也夠用來供養佛爺的智慧。如果看見佛爺，千萬不能吝嗇東西。』這時候，其他兩名幼童也學他把頭上的白連珠卸下來，拿在手上。之後，三人唱起讚嘆的話：『到佛的面前，好像渡河一樣，因為心垢被洗滌，跨過紛亂的心境，到了很寂靜的彼岸。』

剛才那個幼童向兩位伙伴說：『你們有了這個功德，心裡想要些什麼嗎？』其中一名幼童說：『我想成為佛爺右邊那位比丘尊者的樣子』。另一名幼童說：『我想成為左邊有神足那位比丘尊者的模樣。』兩名幼童各自說出自己的希望後，便反問剛才那名幼童說：『你希望做什麼呢？』只聽對方答說：『我想成為佛爺的模樣，擁有無比的輝煌光明。想成為獅子般特立獨行，群衆一直跟在我後面走一樣。』

這名幼童答完話，空中便傳來八千位神的同時讚嘆：「好極了，好極了！你們都能如願以償，天下蒼生也都能蒙受你們的恩惠。」

三名幼童一齊走向佛的面前。佛告訴一位名叫沙竭的侍者說：『你們看見三個幼童手持白連珠走向前來嗎？走在中間那名童子滿懷喜悅、威風凜凜。當他一抬腳，他的罪便會消失百劫。當他一落腳，便會出生百次轉輪聖王。也能出生帝釋天到相同次數，更能出生梵天到相同次數，尤其在抬腳一步的功德裡，會有福報遇到一百次佛。』

佛剛說完話，三名幼童到了這裡。他們走到佛的面前，便把白連珠掛在佛的頭上來。那兩個想做聲聞的幼童，他們獻上的連珠停在佛的左右雙肩上，那個發無上正等正覺心的幼童，他的連珠卻停在佛的頭頂上。只見那些連珠在空中變成連珠的花，形成一張珠網，之後呈現正方形，裡面現出一張椅子。怛薩阿竭坐在椅子上笑嘻嘻，片刻後沙竭問佛說：『怛薩阿竭笑起來，一定有緣故，請您說來聽聽好嗎？』

佛說：『你們看到那兩個幼童發心做聲聞的結果嗎？他們所以想要這樣，目的是害怕生死。他們才不想要發菩薩心，而只想快入涅槃。』沙竭問：『那麽，另一個幼童怎麽啦？』佛說：『中間那名幼童以後會成佛。其他兩名會做聲聞，而其中一位會有卓越的智慧，另一位會有不尋常的神足。』」

舍利佛與目犍連（目連）

舍利弗（右）奈艮興福寺藏。目犍連（左）京都大報恩寺藏。

釋迦牟尼佛告訴舍利弗說：「你們知道中間那個幼童是誰嗎？」

舍利弗說：「不知道。」

佛說：「那個幼童便是現在的我。右邊那個孩子是誰？你知道嗎？」

「不知道。」舍利弗說。

「舍利弗，那個孩子正是你啊。那麼，左邊的孩子是誰你可知道？他就是大目犍連。他們因為恐懼生死，才不發菩薩心，只想快入涅槃。你看到那個發無上正等正覺心的孩子，便是我，也成了佛，因為你們都學習我的善行，才能當聲聞，得到了解脫。」

佛又告訴舍利弗說：「若想快進涅槃的話，就得像我一樣，必須發心成佛才行。所謂『快』者，也不會勝過一切知（薩芸若）。因為一切知是通行無礙的、非常尊貴的、沒有界限的，最高的正悟，超級的，非常令人歡喜的，超越聲聞與辟支佛，若想早入涅槃，就應該發心追求這種一切知。」

當佛說完摩訶衍的法典時，一萬人全都發起無上正等正覺心。那群高貴的比丘們，包括舍利弗、摩訶目犍連、阿難、舍比、摩訶迦葉、蠡越、難頭、耶和致離、分耨頭陀、須菩提等紛紛向佛腳叩頭讚嘆：「不論男女都得發高貴的心去求道。因為佛用千百種方法給我們說明，我們聲聞不肯發菩薩心，後悔當阿羅漢。倘若這樣，前世犯了五逆罪，因為這種罪仍然有解脫的可能性存在，才能發起無上正等正覺的心。因為我們不曾發菩薩心，到目前才沒有什麼利益。原因是，成佛的種子都燒毀了。我們都成了一個裝不上菩薩心的器具。這就像死者不會替遺族做什麼事一樣，我們也幫不上別人什麼忙。雖然我們得到解脫，現在也是空，天上天下的芸芸衆生和動物，全都仰賴大地才能生存。倘若有人肯發起無上正等正覺心，那麼，他就彷彿大地一般，會利益天下蒼生。不論諸神和世人都會蒙受他們的恩惠。」

第十二節　阿闍世拜訪佛

有一次，阿闍世王乘坐一輛四頭馬車，率領一群大臣出了王宮。他前往佛居住的精舍，抵達後，向佛問好，然後就坐。只聽他問佛說：「世人為什麼會犯罪呢？」佛告訴阿闍世說：「世人受制於一種自我的觀念，才會犯罪。因為執愛自己，才會採取各種行動。結果，便把自己封閉在罪的世界。」

阿闍世王又問佛：「為什麼會助長自我愛呢？」

「因為無知的緣故。」

「無知的原因何在呢？」

「出在思考、誤認、誤認應該或必須如此。」

「那麼，誤認必須要這樣的原因何在呢？」

「他誤認世間存在物本來就有的。」

「誤認本來就有的想法是怎麼回事？」

「存在物彷彿幻景般地出現，其實不存在。」

「那麼，出現什麼呢？」

「無所謂什麼，因此，才如幻景般地呈現出來。」

「所謂不生、不存在，這樣要怎樣捕捉或掌握才好呢？」

「因為不生和不存在，才無法捕捉或掌握得到。」

「疑是為什麼生起的呢？」

「無處生起的。」

「所謂無處是怎麼回事呢？」

「聽到教法起疑，這叫做無處。」

「教法（道）是什麼？信（不疑）又是什麼？」

阿闍世王拜訪佛陀

左下：國王與一群妃子騎象前來。右下：國王從象座下來，耆婆醫生歡迎他。上：國王跪下來合掌。在他前面的台座與足跡，暗示佛正在那裡。右邊有文字。「阿闍世王向世尊問訊」。

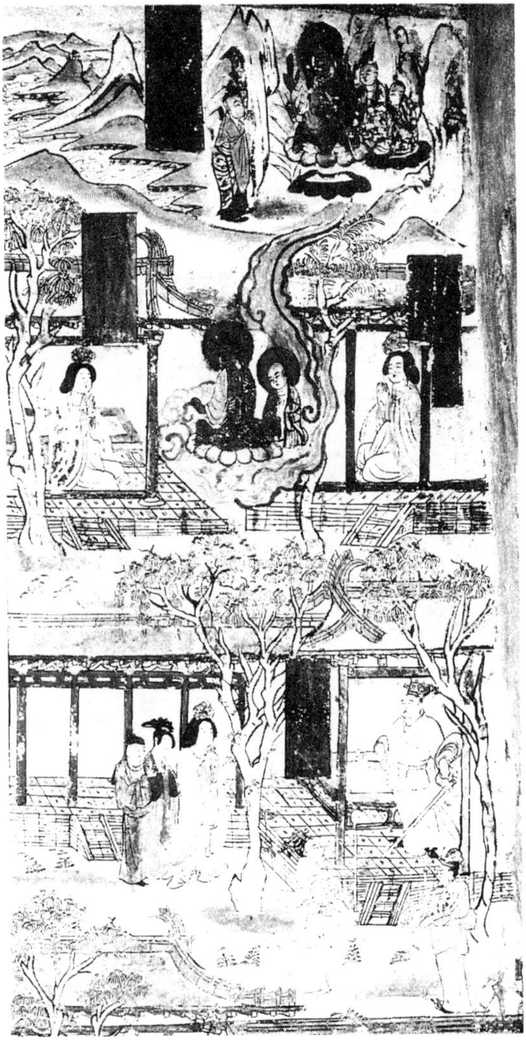

阿闍世的惡行（壁畫）

下邊的場面是阿闍世企圖殺母。他先幽禁父王，母后暗中送食物給父王，阿闍王獲悉此中情形，便想殺害母后。兩位大臣出面阻止，規勸阿闍世。

上邊的場面是母后被幽禁後，向佛陀求救，佛偕同阿難從靈鷲山駕雲而來。敦煌第45窟。觀經變相部份。盛唐。

「淫慾、憤怒和無知的擺脫叫做道。在根本上，各種存在是不受拘束的想法，看不見萬物的錯誤，就叫做相信不疑。」

阿闍世王說：「妙啊，妙啊！怛薩阿竭說得沒錯，然而，這種教理為什麼沒人聽呢？原因是，大家只會考慮到自己。我聽信壞人的話，竟讓臣子去殺害自己的父王。因為我計劃把國家當做自己的東西，彷彿想把財寶當成自己的所有物一樣。我企圖利用官吏和百姓，也想貪圖權力，才會讓臣下去殺害父王。現在，我雖然每天若無其事，照樣過日子，可是內心一直不安，無處可逃。不論在飲食、娛樂或在宮殿處理政務，在內官作樂，不論一人獨處或跟大夥兒一起，也片刻不得安寧。吃下的食物不能消化、睡覺不得安眠、臉色憔悴、內心充滿恐懼。我不斷在尋思，自己一定會下地獄。」

阿闍世王繼續說：「瞎子得到佛的恩澤，眼睛得以復原。溺水的人，蒙神伸出援手，便能掙脫上來。若有人滿身苦惱，佛會解除他的苦楚。有人若陷入恐怖裡，佛會庇護他。若遇到窮困的人，佛會替他造珍寶。若遇到迷途的人，佛會爲他指點迷津。佛的慈悲浩翰無比，諸如這些小事難不倒他。對待天下蒼生，一視同仁，都能表示愛心，不會見死不救。現在的我時刻都在恐怖之中，佛呵，請您護持我吧！我生活在危險的邊緣，請您讓我的心境安寧下來。除了拯救我，再也沒有別的方法了，我誠心祈求您救救我。

就像一個無處皈依的人，祈求皈依一樣。這種心情跟一個瞎子期待早日看得見東西一樣。現在，我可能會下阿鼻地獄了。請您伸出援手，別讓我掉下去。怛薩阿竭呵！請您說法給我聽，早些消除我的不安。我希望心情開朗，到死都能免除我的不安。請您救救我吧！好讓我的重罪能夠減輕下來。」

第十三節　飲食招待文殊師利

佛心裡明白，阿闍世王的傾訴很深刻，也很真實，但是，佛在尋思，目前只有自己和文殊師利能夠治療他的病情。一想到此，佛便大顯神通，舍利弗在佛的神通催促下，出言告訴阿闍世王：「你若想除去內心的惶恐不安，那麼，明晨準備些飲食，懇求文殊師利等人到宮裡來享用。這樣，不僅能讓官吏們得福，且能使羅閱國的居民們藉這次功德而起信仰心。」

這時候，只聽阿闍世王央求文殊菩薩：「請您同情我好嗎？明晨委屈您到宮裡一趟，接受我的飲食招待。」

文殊師利說：「這句話本身就算相當大的供養了。因為宏揚佛法不是為了衣食。」

阿闍世王問道：「那麼，我要怎樣布施才好呢？」

文殊師利說：「深刻地洞察事物，究明真理、不污穢、不執著、不懷疑、不指責、不恐懼，只要能做到這樣，就會如你的願望。」

文殊師利又說：「不把事物概念化，也不考量事物的存在與否，倘能做到這樣，願望必會實現。既不想念過去心，也不想念現在心，亦不想念未來心，只有這樣才能達到願望。眼睛所看的一切都不是真實，只要明白這一點，才會達得到願望。

阿闍世王告訴文殊師利說：「你說的法全部跟法典上記載的內容一樣。不過，現在請您答應我的邀請好嗎？」

文殊師利說：「且慢。道這種東西不應該跟飲料或食物交換。只要大王沒有自己或我這個觀念，就能達到願望。心上不存在任何事物，也跟任何事物無關，不考慮四項元素（四大）或五項要素（五陰），甚至六種知覺對象（六衰），不受制於三界的區別，不計較有無功德，不區分迷界或悟界，不考慮有沒有罪、完全或不完全、解脫或不解脫，生死或涅槃等事，那麼，願望便不會落空。」

阿闍世王對文殊師利說：「聽到您的教誨，我加倍歡喜。不論怎樣，請您賞光好嗎？藉這個機緣，也好讓我得到平安。」

「你要藉什麼緣得到平安呢?沒有一樣東西相當於緣。所以,你也休想得到平安。因為萬物裡沒有一樣可以依存於緣,當然也不能平安。既不考慮這種事物,也不必擾亂心情,萬物都保持無想狀態。這才是真正的緣,也才能得到平安。其間,沒有厭惡的心情。起初不幸,之後消失,或開始還好,之後產生厭惡,這樣才是真正不安定。所謂平安,就是從頭到尾都很平靜,沒有變化。」

阿闍世王問道:「那麼,要信奉什麼教法,才能沒有變化,得到平安呢?」

文殊師利說:「彷彿空的教義,既無作者,亦無能作者;既無想念,也無願望;既不以為有行為,亦不以為有行為者,倘若這樣,便沒有變化了。若以為『我在作』或『我不作』,其間便有變化了。若不追求所謂我的觀念,就無所謂依存。身體、舌頭和心意會引發行為。不是有所謂我而引發行為,所以才無所謂生死現象。萬物應該相依存嗎?從這一點看來,必能知曉沒有依存的事物。」

阿闍世王再問:「生死裏無所謂生死,又是怎麼回事呢?」

「不要以為過去就是已經過去了。不要以為未來即是尚未到來,不要以為現在是無常(時刻都在變化)。不要認為萬物是在增加或減少。倘若這樣(不要妄想所謂時間變化的狀況),那麼,生死裡便沒有生死了。」

祈禱（壁畫）

從祈禱的慎重表情看出阿闍世多麼盼望文殊能夠賞光。

阿闍世王問道：「在怎樣的情況下，迷（未脫）會碰到悟（道）呢？」

文殊師利說：「你認為呢？太陽會碰到黑暗嗎？」

「遇不到，因為太陽出來時，黑暗會消滅。」

「國王呵，這麼說來，黑暗跑去哪裡了呢？」

「黑暗看不見了，我不知道它去哪裡了。」

「當悟的智慧來到時，便不知迷在哪裡了。這就像太陽一出來，便不知道黑暗的蹤跡一樣。」

文殊師利繼續說：「悟等於迷，迷即是悟。因為悟與迷都是空。因為迷與悟相等，所以，萬物是平等一致的。由此看來，知者在迷時得悟。因為他在迷時，表示不知道迷藏在何處？這叫做悟。即使再三找尋迷在哪裡？其實到處找不到。這就是悟了。」

阿闍世王問道：「怎樣才能在迷時得悟呢？」

「不要想到迷時得悟，便是得悟。」

阿闍世王問：「所謂悟者，應該去學習嗎？」

「好像學習各項真理一樣。」

阿闍世王問：「學習各種真理以後，能夠達到怎樣的境界呢？」

文殊師利說：「即使學習悟，其實，什麼境界也達不到。」

阿闍世王問：「學習這個也進不了涅槃嗎？」

文殊師利說：「一切存在都來自涅槃，我也來自涅槃。」

阿闍世王說：「既無來也無去嗎？」

「學道（開悟）的時候，便明白無所謂去處的行為。這叫做悟。」

阿闍世王問：「到底要根據什麼來學習才好呢？」

「什麼也沒得根據，便是學悟了。」

「那麼，在學悟之際，難道連戒律、三昧和智慧的生活也不必實踐嗎？」

「開悟便是這麼回事。換句話說，既不依存戒律，也不求三昧，更不誇張生活的智慧，這樣一來，縱使依存戒律、追求三昧、誇耀智慧生活也無妨。倘若這樣，難道有什麼東西做根據嗎？」

「沒有。」

「因此，您要明白『悟』是沒有根據的。」

阿闍世王質問：「不論男女都一樣，人們要怎樣邁向悟道才好呢？」

「凡有意學悟的人，就不要考慮到存在物是不是永遠的？不要考慮到存在物有沒有覺悟？不要考慮存在物有沒有苦與樂？不要考慮存在物是我，或芸芸衆生？不要考慮存在物在生死裡能否入涅槃？若肯這樣學習覺悟，便能進入悟道了。」

阿闍世王說：「好極了，好極了，文殊師利菩薩講得太妙了，非常盼望您能賞光，到舍下一遊。因為我還有些不安。仔細一想，萬物的存在裡，照理說沒有我或自己的存在才對。不過，我還有些不安。」

文殊師利說：「不能使不存在物存在。因為不存在才沒有解脫。當然，也沒有東西可以解脫。縱使有人說：『我解脫了』，其實沒有解脫的東西。既無解脫這回事，也沒有東西可以解脫。事實上，萬物都在解脫。」

第十四節　佛勸文殊師利接受款待

佛對文殊師利說：「你不妨接受阿闍世王的款待，因為這是個教化衆生的好機會。」

文殊師利說：「我會遵命的，因為我不敢違背您的吩咐。」

阿闍世王歡喜雀躍，從座位上起立，向佛、衆比丘及文殊師利告辭離去。半路上，阿闍世王碰到舍利弗，順便問起文殊師利會有幾位同伴？舍利弗說五百人，吩咐阿闍世王要好好準備這些人的飲食。

阿闍世王返回宮殿，吩咐廚房準備百種味道的佳餚。那天，宮殿打掃乾淨，豎起幢幡、掛好帳幕、地面插花、焚起名香。擺好五百張椅子、掛上形形色色的珠寶紐帶。宮殿裡連角落都經過刻意的裝飾，鋪滿香花。另外，還命人打掃城廓和街道，到處散花、飄著香氣、馬路兩旁搭起帳幕、豎起幢幡、大開城門、掛起兩個花輪。阿闍世王下令百姓們：「明晨要出門迎接文殊師利，表示歡迎……。」

到了初夜時（六點～十點），文殊師利暗自尋思。明晨要偕同這麼少人到王宮，恐怕難得許多人感動。我何妨到別的佛國土邀請那裡的菩薩們也一齊去王宮，讓他們聽聽佛法不是頂好嗎？他一想到此，立刻失去蹤跡，剎那間，便來到東方八萬二千佛國土前面的常名聞國了。該國有一位佛叫惟淨首。那裡有許多菩薩，但沒有外道，那些菩薩們經常在轉動不退轉法輪。那裡的樹木全用寶石造成的，樹葉、花朵和果實都是形形色色。微風一吹，便吹動了樹木，而樹木就發出佛聲、法音和不退轉僧衆的聲響。因為經常聽得見這些三寶（佛、法、僧）的聲音，所以，該國才命名為沙陀惟瞿吒。

文殊師利來到這裡時，便向佛問訊：「但願幫我一個忙，讓衆菩薩到娑婆世界去一趟，給阿闍世王招待一餐。」

佛吩咐衆菩薩說：「想去的人，請便吧！」

第十五節　文殊師利陀羅尼的說法（初夜說法）

這時候，兩萬兩千位菩薩同聲表示：「我們要跟隨文殊師利一起去。」說完後，兩萬兩千位菩薩便即刻跟著文殊師利起程，頃刻到了沙呵國土的一處。他們紛紛坐在一間房子裡，衆多菩薩所以能進入一間房子，完全得力文殊師利的神力。

當衆菩薩全部就座之後，文殊師利才開始說法。那篇法名叫做陀羅尼。文殊師利問他們說：「你們知道陀羅尼是什麼法嗎？」之後，文殊師利便列舉陀羅尼的法了。

(1)、理解一切教理。

(2)、內心不期待任何東西。

(3)、行為的結果不會走樣。

(4)、即使懷有想念，也不會陷入多餘的妄想。

(5)、認識問題彷彿智慧者的作法。

(6)、懂得萬物存在及其根本。

(7)、說話時好像談真理。
(8)、懂得護持自己，不會墮落。
(9)、漸漸進步。
(10)、理解一切存在與現象。
(11)、陀羅尼即是道的源泉。
(12)、不會跟佛斷絕的源泉。
(13)、護法的源泉。
(14)、支持僧衆的源泉。
(15)、對各種真理不起疑惑。
(16)、懂得巧妙答覆人的質問。
(17)、面對或目睹大群聽衆也不畏怯。
(18)、有意教化諸神，可依他們的希望來教化，並讓他們得以理解。
(19)、觀察龍、夜叉、阿須倫、迦留羅、真陀羅、摩休勒、人、非人、帝釋天，以梵天為首，下至所有諸蟲鳥獸，依據他們的需要，施予教化，讓他們完全明白。
(20)、完全分辨得出有沒有功德？

(21)、盡悉所有人們的行為。
(22)、擁有如大地那樣浩翰的心胸。
(23)、不受制於世俗八件事，其中有哪些應該聽從呢？
(24)、累積功德。
(25)、不離開道。
(26)、依據衆生的願望加以開導。
(27)、施恩惠給天下蒼生。
(28)、讓天下蒼生都能走向戒律生活。
(29)、讓智慧得到充分的發展。
(30)、得到芸芸衆生的尊敬。
(31)、沒有厭煩心。
(32)、沒有差別心。
(33)、知曉存在的本源，也能教化它們。
(34)、會接受教化。
(35)、不怠不倦地施予法義。

(36)、說法卻不期待什麼回報。
(37)、不會斷絕菩薩的善根。
(38)、依照精進來培育菩薩的善根。
(39)、對於施予的事不會倦怠，為了讓對方得到一切知。
(40)、對守戒律也不會倦怠，為了要讓衆生重視戒律。
(41)、忍辱不倦，為了得到佛身。
(42)、精進不倦，為了厚積功德。
(43)、禪定不倦，因為沒有奢望。
(44)、不倦地發展智慧，為了要捨棄念頭。
(45)、把教理看成俸祿，藉此鞏固自己的生活。
(46)、不討厭一切。

以上這些都叫做陀羅尼。

陀羅尼（總持）是記憶和保持教理的手段，才叫做陀羅尼。至於怎樣記憶和保持，就是用下列的方法了。即將一切教法看成空，對於教法也不想念、不希望和不執著。因為有教法才不必看。就這樣記憶和保持。同時，教法是無所生，也無所造。只要這樣思考，便是保持和記憶教法了。

同樣地，教法無來也無去。既不停在某處，也不會動亂。既不會生起，也不會滅壞。既無所持有，也不掌握。菩薩雖然解脫，卻不覺得已經解脫了。既無停留的場所，也不應該停留。既不是自我，也不是我；既不是魂，也不是人。既無應該執著的東西，亦無應該逃避的東西。既無所謂真實的東西，也無所謂虛偽之物。既無聽的對象，也無看的對象。彷佛空間既不能摸撫、無可褒獎，亦無可感覺，好像保持一切教法的東西。所以，這些教法叫做陀羅尼（總持）。

陀羅尼是把各種教法像幻影般保持起來，也如夢一樣或野馬般地保持起來。它像水中聚沫，或水泡似地保持著。它如幻景般地保持起來，所有教法彷佛這些東西被保持，就叫做陀羅尼。

陀羅尼是把各種教法當做無常的東西被保持起來。乍見之下，這些屬於沒有實體的東西，也是不會變化的東西（寂）。教法的根本紛紛脫離所謂實體的妄想。在教法裡，無所謂這個那個之類的區別爭論。在教法裡，既無失落，也無期待。因這種方式保持一切教法，就叫做陀羅尼。

這就像大地保持一切事物，但又不以為苦的情況。菩薩得有陀羅尼，發心為天下蒼

文殊菩薩騎獅子（壁畫）

生，經歷阿僧祇劫的漫長時間，在各個地方累積功德，綜合這些功德而發起一切知的心，支援天下蒼生，不會放棄，也不以為苦事。

這就像大地被天下蒼生所依賴一樣。得到陀羅尼的菩薩，念念不忘利益衆生。

這就像樹木及其他生靈依靠大地生存一樣。得到陀羅尼的菩薩，生起無量功德與豐富的教理。

這就像大地一樣，得到陀羅尼的菩薩既不動盪，也不搖撼；既不憎惡，也不會被人嫌棄。

這就像大地蒙受所有的雨水，不會被人嫌棄一樣，得到陀羅尼的菩薩，聽到所有佛、菩薩、聲聞或辟支佛的說教，也不會起嫌惡心，為天下蒼生說法，絕不會倦怠。

這就像大地孕育各類種子，在適宜時機讓它萌芽一樣。得到陀羅尼的菩薩，自身孕有功德教法的果種，只要時機一到，必能讓這種教法結成果實，坐在菩提樹下獲一切知。

菩薩得到陀羅尼，勇猛得像一位將軍，會在軍中讓敵人屈服一樣。

獲得陀羅尼的菩薩，會坐在菩提樹下降伏諸魔。因此，才叫做陀羅尼。

陀羅尼也不保持各種教法，因為沒有常態，也沒有無常。既無快樂，也沒苦惱。不提到身體，也不提到魂。不談人，也不談到常態。像這樣的教法統統也沒有保持。因為一開始就沒有分別心。

大地是不保持空間，同樣地，陀羅尼也沒有保持教法。

空間不保持任何東西，同樣地，陀羅尼也沒有保持任何教法。

水沒有保持各種污穢，同樣地，陀羅尼也沒有保持任何教法。

陀羅尼到處都有，卻沒有停留的地方。因為陀羅尼是沒有保持的東西。

陀羅尼是無限或沒有窮盡。因為無限，才能在任何地方進去。因為可從任何地方進入，才叫它虛空世界。陀羅尼等於虛空。

文殊師利講解陀羅尼時，五百位菩薩也全都得到陀羅尼法了。

第十六節　菩薩藏的說法（第二夜說法）

文殊師利在第二夜（十時～二時）說到菩薩藏了。任何教法都隸屬在這個藏裡。包括功德的教法、無功德的教法。迷界與悟界，有罪與無罪的教法。關於究極與不究極（有餘和無餘）、解脫與無解脫等教法，這些統統都寄寓在這個藏裡。因為各類教法統統被收在裡面。就像三千大千世界能夠收容百億個國土、百億個太陽與月亮、百億個須彌山，和百億個大海一樣。好像這些國土和太陽等全都放入三千大千世界似地，那些凡夫的教法與外道的教法也都在裡面。聲聞的教法、辟支佛的教法和菩薩的教法也全都在裡面。

原因是，這個藏能夠收容一切現象（行）。既能容納聲聞，也能容納辟支佛和菩薩，彷彿樹木擁有紮實的根，才能孕育出欣欣向榮的幹、枝葉、花與果實等物。

菩薩藏沒有東西不能保持。它能成就一切東西，它不但保持所有功德的教法，也會保持一切知的心。

菩薩藏可說是無限的器物，譬如大海能夠容納許多水，收容許多珍寶、龍、夜叉、犍陀羅、眞陀羅、摩休勒等諸多生靈，能夠提供萬物的住所一樣。菩薩藏也收容無數的教法。它不但接受無數的戒律，只要三昧與智慧能看到的東西，就必能收下來，休想逃得掉。這叫做菩薩藏。

它彷彿大海一樣。海裡的生物只能喝海水，因為牠們都靠海生活。菩薩藏裡的東西，全都仰賴菩薩的教法，而不依賴其他教法（聲聞、辟支佛的教法）。原因是，大家都明白了一切知的教法非常美妙，這叫做菩薩藏。

大佛蓮瓣華藏世界

上方：佛與衆菩薩。中央有天的世界（神的世界）。下方：表示七個須彌山世界。

菩薩藏也是三藏。那麼，什麼叫三藏呢？即聲聞藏、辟支佛藏和菩薩藏。聲聞指他肯聽別人的教理或聲音；辟支佛指他領悟十二因緣，而因緣成熟，便成辟支佛了。菩薩藏指他學到無數的教理，靠自身的能力成佛。其間，關於聲聞與辟支佛，事實上不只是三藏。提到三藏的教法時，三種藏是各自修行。因為談到這項教法時，聲聞、辟支佛和菩薩都分別修持自己適合的項目與內容。因此，三種藏才會存在。修得菩薩教法的人，等於修得一切教法（三種藏）。因為聲聞與辟支佛跟佛的教法相連，所以，菩薩等於學習佛陀的一切教法。

還有一種三藏學，那麼，什麼叫做

三藏學呢？它就是聲聞之學、辟支佛之學和菩薩之學。聲聞之學有界限，因為他只讓自己開悟。辟支佛之學叫做中學，缺少偉大的慈悲，而菩薩之學（法）沒有界限。因為它在法身裡，具備偉大的慈悲。

聲聞不學辟支佛的內容，也不去了解辟支佛的事。辟支佛不學菩薩的事，也不去了解菩薩的內涵。菩薩知曉聲聞之學，但對它不感興趣，也不抱任何期待，更無意透過聲聞學求解脫。菩薩也知道辟支佛之學，也對它沒有興趣，無意靠它求解脫。反之，菩薩知道菩薩之學，既樂於又歡喜菩薩之學。因為只有從這門學問裡才能得到解脫。於是，要把這門菩薩之學教授聲聞，除了提示他，還要規勸聲聞修持菩薩行。對待辟支佛也一樣，這是菩薩的行誼，也叫做菩薩藏。這彷佛琉璃放進一個容器時，由於琉璃的存在，竟使器物也帶有琉璃的顏色一般。

凡是進入這種藏的菩薩，即使聽到別的教法，也照樣不會脫離佛教。凡是進入這種藏的菩薩，會把一切教法都看成佛的教法。不論什麼教法，菩薩都能學會。因為菩薩沒有差別心。他認為任何教法都是佛已經承認的教法。

菩薩藏裡有許多文字與教法，數量不勝枚舉。原因是，它不增也不減。不可思議的光明會照亮黑暗的每個角落。那是因為實踐菩薩藏的人，得到智慧與無限的利益。他有了一切知，便能進入各個場面。學習這個東西，才叫做學習，因為深及藏裡各個層面，就是進入摩訶若那（大智慧）裡。摩訶若那是無限的智慧。凡是深入這個大智慧的人，一定會設法讓那些尚未進入的人能夠深入。

以上是文殊師利向眾菩薩所說的菩薩藏。

第十七節　不退轉車輪（第三夜說法）

進入夜的第三段（二時～六時），文殊師利說法時，談到不退轉的車輪，好像金剛般前進的情狀。他一談到這個，大家聽了全都能明白。

《不退轉的車輪》

這種車輪沒有回轉。不退轉的車輛是沒有希望的。這種不退轉人的心，對一切都一視同仁，毫無分別心。因為他沒有懷著善惡的念頭，會用平等心學習真理，縱使看到各個佛國土，也都用平等眼光看待。其間沒有美醜的問題，因為佛都是一樣，沒有差異的緣故。

這種車輪無處不能進入，因為法身不會破壞，才會叫做不退轉的車輪。

這種車輪不會停在某處，因為它沒有差別心。這種車輪就像我們所看見的情形，會繼續轉個不停。因為法輪向佛的境界前進，所以，才叫它不退轉的法輪。

若有人跟隨不退轉車輪，就會脫離所有的念頭，若有人相信它，就跟佛一樣存在。不會認為『脫』有兩種，因為脫能說成一種。彷彿怛薩阿竭所依據的脫那樣，那種脫沒有已經脫離想念的念頭。因此，對於某些存在（例如解脫），倘若懷有什麼念頭，那就表示他沒有解脫。脫沒有兩種，因為它還有身體、舌和心的緣故。脫的東西不從屬身體、舌頭和心。所以才叫做脫。由此可見，理解的人會從屬自己，而不去從屬他人，這叫做不退轉車輪。

這種車輪不會使物質（色）回轉（即不會改變對物質的看法），因為物質本來就存在的緣故。

這種車輪不會讓感覺、想念、意欲和判斷回轉，因為感覺、想念、意欲和判斷本來就存在，但也不能讓任何存在回轉。因為存在即是法身，所以，存在才沒有回轉。這叫做不退轉車輪。

這種車輪能朝各處前進。因為它沒有停止這回事。因為對這個車輪來說，即無處滯

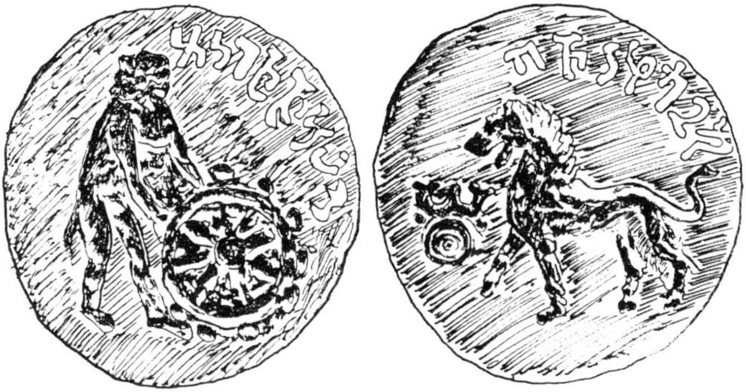

金幣的兩面

阿富汗北部出土。左圖寫著「他（她）轉法輪」，右圖寫著「消除恐懼的獅子」。注意：獅子是文殊的座騎。

留，也無處止滅。因為這種車輪沒有門（遮住前進的東西）。為何會這樣呢？因為它沒有分別心。

真理也沒有回轉的餘地。因為真理沒法表現在語言上面，沒有東西能理解這套車輪（真理）。原因是，它沒有聲音。那麼，我們又怎能看到它的形體等呢？所以，真理只能將它當作虛物來掌握了。這才叫做解脫，它不是好像能夠抓得住的東西。譬如虛空到處都能進得去。那麼，為何會這樣呢？因為一開始就進去（解脫）的緣故。

《金剛的前進》

這種車輪不斷前進又前進，但是，什麼在前進，或什麼叫做前進呢？這種東西彷彿金剛錐在寶石上穿洞一樣。那麼，車輪在真理（法）上穿洞又是怎麼回事呢？就是用空的錐子在一切真理上面穿洞。這種東西即是真理。

沒懷有什麼念頭，這是金剛的錐子，因為它會在所有想要的東西上面穿洞。沒懷有什麼願望，這是金剛的錐子。因為它能讓沒有解脫的芸芸衆生得到解脫。法身好像金剛一般，用空可將各種亂七八糟的東西整理起來。佛好像金剛一般，能在所有不存在事物上面穿洞。解脫好像金剛一般，因為它能超越沒有解脫的衆生。凡入涅槃的人實實在在地看見存在了。

當文殊師利向衆菩薩說完不退轉的法輪時，衆菩薩全都體悟了羅毘拘束三昧（漢譯為日光明花）。一旦體悟這種三昧，衆菩薩身上的每個毛孔便放出千百億條光線了。在每一條光線上，可見都有千百億位佛坐著。諸佛紛紛前往各地，向那些追求佛道的芸芸衆生講經說法去了。

第十八節　文殊師利拜訪王宮

次日清晨，阿闍世王派使者到文殊師利的住處，通知他說：「時間到啦，請您偕同您的朋友們一起來呀！」

此時，摩訶迦葉正要跟五百位比丘到城裡行乞。他們浩浩蕩蕩走到半路，覺得時間還早哩，便偕同衆比丘退回去。結果，他們來到文殊師利的住處站住，也打了招呼。那裡是文殊師利等人學習的所在，位於城門外面。

文殊師利向摩訶迦葉說：「你們一大早要到那兒去啦？」

「正要去行乞呢！」

文殊師利問摩訶迦葉說：「一塊兒去行乞如何？」

摩訶迦葉說：「飲食的事算啦，為什麼呢？因為我們來這裡是要談佛教，而不是為了吃飯。」

文殊師利說：「我率領一群比丘去赴約吃飯，也正是為了弘法，而且也為了吃飯。原因是，這樣赴會吃飯，既不失去弘法的機會。也不會浪費飲食。因為兩件事可以合成一件。」

摩訶迦葉說：「我們即使挨餓也一定要去聽教法，因為深妙的教法一句也不能漏聽。」

摩訶迦葉又問：「那麼，你今天要跟一群摩訶薩吃飯嗎？」

文殊師利說：「現在要去吃飯的人，不捨生死、也不入涅槃。他們既不縱情肆慾，也不證悟道理。他們所吃的東西既不增加，也不減少。他們既不信仰各種教法，也不會捨棄那些教法。」

摩訶迦葉說：「倘若是這樣布施，無疑是無限的布施。既然這樣，不妨應約去吧！」

文殊師利暗自尋思。現在來到城下，要把表現的樣子做成佛入城時那般感動的情狀。他一想到此，便進入無所不感動的三昧裡。此時，沙呵國土平坦得像鏡子，那些山峰、丘陵都已經看不見了。文殊師利身上發出的光明照亮芸芸眾生了。地獄受苦的生靈被這道光明一照射時，苦痛即刻消失，身心都獲得了安寧。地上居住的人們，在這剎那間，便忘了淫慾、瞋怒與無知。既無嫉妒心，也沒有驕傲心。他們不會憤怒了。大家都滿懷慈悲心，尊敬對方儼如自己的父母一樣。此時，大地起了六種震動。慾界和色界諸神，紛紛奏起百種伎樂來供養文殊師利。同時，天界和花朵如下雨般落在他的身上。

從文殊師利居留地點開始，直到城門一帶，在他的神通顯耀下紛紛裝飾了起來。以花朵連綴成的帳幕，掛在路的兩旁，地面鋪著名花。用世界最好的寶石嵌造的帳幔掛在路上。路寬有六丈三尺，路的兩邊裝設欄楯，還有各種寶石形成的樹木、種在路邊的每

菩薩與摩訶迦葉（壁畫）

右邊好像觀音菩薩，但本書認為這幅圖是文殊菩薩帶領摩訶迦葉走路。敦煌第276窟。隋。

一間隔。寶石造的繩子連繫樹木延續著。一棵樹木的香氣飄蕩四方，薰及周圍四十里。樹木與樹木之間建有池塘，池塘周圍用琉璃及其他寶石圍繞起來。池底舖著砂金、水有八種味道。池塘裡生長各種鮮花。雁與鴛鴦在花叢間嬉戲。在每棵樹根上邊搭起台架。台上放有寶玉打造的香爐，每個香爐裡都昇起香氣。每個台架上都有一百名女性，手持蓮花，焚起旃檀香。當文殊師利實行「無所不感動」三昧時，它的威力能讓附近變成這個樣子。

第十九節　菩薩像小獅子

文殊師利從座位起立，披上了衣服，之後向摩訶迦葉說：「請你先走一步，我要跟在你後面走路。因為你的年紀比我大些，又比佛先作沙門，所以，你當然要先走才對。」

摩訶迦葉說：「佛法沒有前後，也跟年齡等沒有關係，有些年紀稍輕的人也值得尊敬。」

文殊師利說：「用什麼標準判斷可敬與否呢？」

摩訶迦葉說：「凡是大智慧的人，都值得尊敬。凡有學問的人也值得尊敬。凡肯行善的人，都可以尊敬。知曉人類一切行為的人都可以尊敬。」摩訶迦葉繼續說：「文殊師利既有智慧、又有豐富的學問。你的所作所為，又有能力知曉人類的一切行動，用這些來判斷的話，你當然令人尊敬。」

摩訶迦葉又說：「你也有相當的年紀，也算很了不起。所以，你應該先走才對。我希望跟在你後面走，我不妨打個譬喻說，請您聽著。小獅子的體力與勢力不及其他成長的動物。牠雖然小，卻已經具有偉大動物的香氣，讓鳥獸聞到這股香氣，都會有恐怖感。假定有一隻大象，年紀六十歲，又長有六顆牙齒，現在有人用皮革編織繩子，捆住這隻象了。小獅子走近革繩附近時，大象一聞到牠的香氣，恐怖之餘，竭力掙扎，衝斷繩子後，逃入深山裡。菩薩初發心時，聲勢雖小，卻也讓聲聞和辟支佛望塵莫及。一群魔物在菩薩面前，會忍不住恐怖退縮。小獅子目睹母獅吼叫一聲，表現行動的情狀，一點兒也不害怕，也不顫抖，因為牠會倣效母獅，毋寧說，牠反而更加歡喜。同樣地，菩薩看見佛的行動，既不知道惶恐，也不會顫抖，毋寧說，他反而更加歡喜。老實說，我自己也有這種想法和感受。」

舍利弗說：「可敬佩的人到底是怎麼樣呢？既不是聲聞，也不是辟支佛，而是能起菩薩心的人。因為能夠追求這三者的人，全是發出菩薩心的人。」

摩訶迦葉說：「所以，文殊師利菩薩是值得尊敬的人，你應該走在前頭，我會跟在你後頭走。」

這樣一來，文殊師利只好先走，而衆菩薩也跟隨在他後面走。聲聞也全都跟在他們後面走了。

諸神紛紛讓花如雨點般地落下，大地起了六種震動。諸神在天上用伎樂來娛樂文殊師利等人，這時候，光明照遍萬物，不久，文殊師利等人來到了羅閱祇的城門。

第二十節　阿闍世的困惑

在文殊師利等人奔向城門之際，阿闍世王聽到消息了。天一亮，文殊師利終於來到，並帶領兩萬兩千五百位菩薩，偕同五百位比丘。阿闍世王心裡尋思：「我只準備五百人份的飲食，而今來了許多人，不知怎麼辦才好？他們要坐在那裡才好呢？」

這時候，一位名叫休息心的神，偕同一位名叫金鈚的夜叉一起來見阿闍世王，說道：「你別害怕，也別擔心，一點兒也不為難。」

阿闍世王說：「怎能不為難呢？」

神說：「文殊師利會用善巧方便（漚和拘舍羅），具足最高的智慧。具備功德光明，靠功德的神足而來。倘若給文殊師利一碗飯，縱使三千大千世界所有人要飯吃，也都能讓大家吃得飽，且食物的量絲毫不會減少。所以，兩萬三千人又有什麼好擔心呢？我說一點兒也不為難，正是這個原因。大家吃飯都沒有問題。文殊師利的功德可敬可佩，實在說不完。」

阿闍世王聽了很歡喜，總算放心一切。只見他雀躍之餘，準備就緒後，便率領伎樂隊，手上捧著花與香，親自迎接文殊師利，進入王宮裡來。

此時，衆菩薩中有一位名叫普視悉見的菩薩，文殊師利吩咐他好好裝飾一下接待的場所，以便接待來參與的人。普視悉見菩薩奉命之後，環視四周，頃刻間，便把附近一帶裝飾和美化一番了。

又在大庭廣衆中，有一位法來菩薩。他也奉命安排座位，他立刻採取行動。只見他在彈指間，便把兩萬三千個座位安排就緒。搭起各種顏色的布，上面用價値昻貴的寶石和罕見的舖設裝飾起來。

只見文殊師利、衆菩薩和衆聲聞紛紛就位了。阿闍世王走到文殊師利的前面說道：「我們準備的東西很少，請你們稍待一會兒。因為我們要人手和道具使用。」

文殊師利說：「你們準備得夠多了。不需要再煩心了。」

惟沙門（毘沙門）天率領家族和僕傭們，前來拜見文殊師利。他們分別站在文殊師利的兩側，照料文殊師利。

只見帝釋天偕同首耶夫人和一群天女來了，他們捧著價值昂貴的香料，紛紛散落在文殊師利和諸位菩薩、比丘們的頭上。衆菩薩不會因為有一群天女、伎樂和花香等供養，而動搖自己的心。

梵天化身成一位婆羅門的英俊少年，手上拿著一把扇子，站在文殊師利右邊，一直搖扇侍候。梵天的孩子們也在照料衆菩薩和衆比丘，站在他們右邊搖扇服侍。

阿耨達龍王在群衆上方隱身站著，把幾顆貫珠像幡一樣垂下來。貫珠裏流出水來，水有八種味道。凡想要水喝的人，全都如願喝到水了。那串貫珠也在文殊師利和衆菩薩與比丘們面前垂下來，同時，水也從裡面流出來，滿足了大家的需要。

阿闍世王暗自尋思，這一大群參與大會的人都沒有帶鐵鉢來，不知他們要用什麼碗器盛飯呢？

文殊師利明白國王的心意，便告訴他說：「所謂菩薩，就是不帶鉢到飲食的地點去。只要他們腦裡浮出鉢來，那麼，那個鉢便會從自己的國家飛到他們的手上來。」

天女的舞樂（浮雕）

圖的右半：四名舞女與一名童子。左端：兩女彈奏樂器。左下：奏大鼓者。左上：三女拍手。向左中央後面女性好像指揮人。

阿闍世王問文殊師利說：「這群菩薩們打從哪個國家來的呢？那個國家的佛叫做什麼名字呢？」

文殊師利說：「那個國家名叫沙陀惟瞿吒，佛名是惟首陀尸利。那群菩薩們老遠地從那裡來到你的地方吃飯。目的是想聽我說法，也明白你心裡不安的情形。」

衆菩薩念起鉢了，頃刻間，那些鐵鉢排成一列飛過來，到了阿耨達的池塘，自動洗乾淨，也裝滿水了。龍的女官們手上拿起這一大堆兩萬三千個鉢，送到沙陀惟瞿吒國來，才讓衆菩薩的手上都接到了鐵鉢。

阿闍世王來到文殊師利的旁邊，文殊師利告訴他說：「可以開始分配食物啦。」

阿闍世王一聽，便吩咐部下把飯菜分發給大家。不料，飯菜的量始終沒有減少，依然如故。這一來，阿闍世王不禁奇怪地說：「飯菜統統分配過了，但飯菜仍舊不減，還像原先那麼多。」

文殊師利說：「你認為飯菜會沒有嗎？」

「不會沒有。」

「所以不會沒有，是因為你滿懷疑念的緣故。」

衆菩薩吃完飯後，鉢便飛躍到空中。只見那些鉢排列停在空中，既不掉下來，也不會搖動。

阿闍世王問說：「這些飯鉢依靠什麼才能停留在空中呢？」

文殊師利答說：「你說這些飯鉢停留在什麼東西上面呢？這個問題跟你的疑惑（不安）停留在什麼東西上面一樣的。」

阿闍世王說：「飯鉢並沒有停留在任何東西上面，既不停在地面上，也不停在其他東西上面，沒有什麼根據。」

文殊師利說：「就像你的疑念沒有地方停留一樣。各種存在既無地方停留，也沒有地方可以墜落，跟飯鉢一樣。」

第二十一節　「諸佛也救不了阿闍世」——阿闍世的驚愕

大衆吃完飯後，只見阿闍世王搬來一張椅子，坐在文殊師利前面來。他說：「請你解除我的不安好嗎？」

文殊師利說：「縱使像恆河沙石那麼多位佛，也解除不了你的不安。」

阿闍世王一聽，馬上吃驚得從椅子上掉下來。情狀彷彿一棵巨樹倒下一樣。摩訶迦葉安慰他說：「別怕，你放心！因為文殊師利用善巧方便才這麼說，你冷靜一下，你等一會再問他。」

於是，阿闍世王又問：「你說像恆河細沙那樣多位佛也消除不了我的不安，到底為什麼呢？」

文殊師利問：「你以為心有依存，才能看見佛嗎？」

國王答說：「不能。」

「你以為用心才能看見佛嗎？」

「不能。」

「你以為有心才能看見佛嗎？」

「不能。」

「你以為人有生死與解脫兩事，所以大家才能成佛嗎？」

「不能。」

「有人明白事象（法）就諸如此類的東西，你認為他能消除什麼東西嗎？」

「不能。」

「所以，我曾經說過：『即使像恆河的沙石那麼多位佛，也消除不了你的不安。』

為什麼呢?倘若有人說:『我能用灰塵污穢空間。』你認為有可能嗎?」

「不能。」

「如果有人表示『我能把空間的污穢洗掉。』你想可能嗎?」

「不能。」

文殊師利說:「佛認為一切存在都好像空間似的。原因是,存在原本從萬物解脫出來。而且不以為存在有什麼特質,然後就從這種特質解脫出來。所以,我才說:『像恆河細沙那樣多佛也消除不了你的不安。』」

文殊師利說:「不論在身體內外,佛都不能掌握『心』。由此可見,你怎能認同不安在哪裡?因為一切存在一開始就在解脫,為何現在又有不安呢?」

文殊師利說:「一開始就解脫的東西,也不能執著於空。一開始什麼也不存在的情形,才叫做解脫。」

不是實體(自然)。因為事情無所成的緣故。各種存在眼睛看不見。乍見之下,有時好像有那種存在,其實到處都沒有。因為存在是眼睛看不見的。

存在是肉眼看不到的,因為它是沈默的。這叫做「想念也不知道」。

想念對於各種存在是不成立的。因為存在是超越實體的東西。

各種存在都是超越實體性的東西，因為它沒有生死的緣故。

各種存在是沒有停留的，因為它沒有願望。

各種存在沒有願望，因為沒有生死的緣故。

一視同仁或平等看待各種存在，必須像不執著其中任何一種一樣。因為統統都很清淨的緣故。

各種存在全都很清淨，因為不論內外或中間，全部都很清淨的緣故。

各種存在都沒有組合的東西（成雙），因為它沒有伴侶的緣故。

各種存在都缺乏伴侶，原因是，它們只有一顆心而已。

各種存在僅有一顆心，因為它們在解脫。

各種存在也都沒有界限，因為無處可以切斷。

各種存在沒有邊幅，因為不能拉出境界線。

各種存在看不見境界線，有人存有各種不同想法。

關於各種存在的問題，即使用不同觀點追求智慧，也照樣得不到平安。

各種存在是無常的，因為沒有分別心所使然。

各種存在全都能得到平安，因為它超越清淨的問題。

各種存在全都在解決不安，因為它無所求的緣故。
不是實體的存在，因為身體是不能把握的緣故。
各種存在不會不安，因為在內部一片寂靜。
各種存在都不虛假，因為沒有真理所致使。
各種存在是寂靜的，因為它呈現坦然的緣故。
各種存在是無我的，因為它不能說這是我的緣故。
各種存在是完全（無餘）的，因為它在解脫的緣故。
各種存在沒有向上這回事，因為它沒有想念這回事。
各種存在充滿確切的信心，因為它既無執者，也不排斥的緣故。
各種存在具有單一味，因為它在解脫的緣故。
各種存在是安穩的，因為它缺少想念的緣故。
各種存在沒有個別相，因為對它的思考不成立之故。
各種存在統統都是空，因為超越各種欲求所使然。
各種存在沒有期求，因為它超越三界的緣故。
各種存在超越三界，因為它不拘泥過去、未來和現在的緣故。

一切存在都等於涅槃，因為被認為生起的東西也不生起的緣故。

第二十二節 一切都是無，也都是法身

文殊師利告訴阿闍世說：「沒有生起這回事。沒有生起這回事，能夠說是清淨的嗎？」

阿闍世王說：「不能。」

「佛知道各種存在好像涅槃般地寂靜，所以，才不可能脫離不安。因為各種存在應該如實觀察。倘能如實觀察，那麼，其間既無所攝取，也無所捨棄。各種存在就沒有依據的地方。因為沒有依據的地方，各種存在才會平安。因為會平安，才沒有疑惑的餘地。因為沒有疑惑的餘地，便沒有什麼好做。因為沒有什麼好做，才沒有主體。

關於這方面，大家應該這樣確信才好。那就是我們不該認為『我在移動各種存在（用）。』我們應該確信各種存在根本不能做什麼。縱使能夠做什麼，也應該認為它不能做什麼。反正各種存在什麼也不能做，因為各種存在既不能做，也沒做出什麼，才是涅槃，只要相信這個，就是解脫。

而且既不增加，也不減少，各種存在原本是沒有。無做的行為，做的人，什麼也沒有。因為原本統統都沒有，才不能說『這個』，也不能說『不是這個』。因為本來沒有，才沒有變異。只要確信沒有變異，一切的疑惑與不安才會消除掉。

眼睛既不汚穢，也不清淨。原因是，所謂眼睛的實體（自然）這回事本來就沒有。原本沒有實體的東西叫做眼睛。耳朵、鼻孔、舌頭、身體和心意等，既不汚穢、也不清淨。因為原本沒有所謂心的實體這回事，原本沒有實體的東西叫做心。

物質（色）原來也是沒有的，原本就沒有實體。感覺、想念、意欲、判斷等同樣既不汚穢、也不清淨，原本就沒有判斷的實體，原本就無實體的東西叫做判斷。

各種存在全都不會汚穢，也不清淨。各種存在原本都是沒有實體。原本無實體的東西叫做存在。

我們看不到心，也不能掌握物質，就彷彿幻像既不在人心的內側，也不在外側一樣。因為幻像原本是清淨的，沒有汚穢，心也跟這個一樣，本來不承受汚穢、不增加、不煩惱、不憂愁、不悲傷。聽聞這項教理的人都沒有疑心。本來就有變異，或一想到變異，便有汚穢了。這樣才要明白，原本沒有變異，只要不想到變異，就不會起汚穢。」

「國王呵，你不要以爲有這些汚穢，如果有人說：『我能把汚穢染在空間，我能把煙或灰塵染在空間。』你想汚穢能夠染在空間嗎？」

「不能。」

文殊師利說：「心原本是清淨的。當淫慾、憤怒、無知等衝到心裡，這些東西會變成什麼呢？」

文殊師利接著說：「譬如空間裡有下面五件東西——灰、塵、煙、霧和雲。雖然，這五種東西肉眼看得見，但也不能說：『空間被這些東西汚穢了。』跟這個情形一樣，有人說：『這是我的行為，『這不是我的行為』，而生起淫慾、憤怒、無知等汚垢。『心』不會產生汚垢，也不會產生不安。倘若心一開始就染有汚垢的話，那麼，前世的心，不論怎樣也不能左右來世的心。來世的心即使引起行為，也不能改變前世的心。在中間這顆現在的心，就沒有存在的場所了。有智慧的人若能了解這一點，就不會存有指望了，若不存指望，便會現出清淨相。任何存在都沒有汚垢，沒有黑暗的地方。各種存在既無生起的地方，也沒有居留的地方。沒有居留的地方，就是佛生起的地方。佛生起的場所即是各種存在。所以，各種存在是佛生起的地方。因此，不可說什麼。有智慧的人知道各種存在裡，沒有解脫這回事。正好藉此了解這回事，存在是從各種疑念裡解脫出來。只要沒有存在的東西，那麼，也就沒有人會從存在的事物中得救。不安屬於法身，因此，我不妨說各種存在裡都有地方可讓法身進來。法身到底要進去哪裡是肉眼看不見的。原因是，各種存在是法身。各種存在是平等，法身是平等，因為這叫做法身進入的地方。」

當文殊師利說完以上的事情，阿闍世王總算有了信念，才歡喜雀躍地說：「好極了，好極了！我的不安總算消除掉了。」

文殊師利說：「這件事本身是很大的不安。如同上述，存在本來就沒有，你從哪兒找到不安呢？不安這個字從哪裡得來呢？」

「承蒙你的大恩開導，總算稍微醫好了我的心病。縱使我現在馬上死掉，我也不會擔心進不了涅槃。」

文殊師利說：「大王希望的涅槃原本就不存在。因為各種存在一開始便在涅槃中，所以，才無所謂涅槃的生起。」

第二十三節　無人接受衣裳

阿闍世王從座位起立，手上拿起世間罕見的衣裳，價值千百億元的奢侈品，準備掛在文殊師利的身上。不料，文殊師利忽然失去了蹤跡。只見那件衣服一直停在空中。只聽到聲音，卻看不見蹤影。聲音發話說：「如同你現在注視文殊師利的身體一樣，大王呵，不妨看看你自己的不安吧。如果看不到不安，那就不妨用這種觀點或心態看待各種存在。當你看待或觀察事物時，一定要用這種觀點或心態看待才行。」這時候，空中又傳來說話聲：「大王呵，你把衣服送給自己看得見的人吧。」

原來，文殊師利的座位旁邊有一位名叫得上願的菩薩。阿闍世王正要把衣服獻上給他。只聽那位菩薩說：「假如你在追求解脫與涅槃的話，我就不收你的衣服了。因為我不收俗人的一切東西。因為俗人在沈迷的俗世的事情，我也不收阿羅漢與辟支佛的東西。而且不接受有關佛陀敎示的東西。倘若你既不接近、也不脫離佛陀的敎示，那麼，我才會接受這些東西。倘若贈送人沒有差別心，同時，接受者也不存在差別心的話，那麼，接受便會超越解脫，我才能收下它。」

阿闍世王正想讓菩薩穿上衣服時，那位菩薩也突然失去蹤跡，不知到哪兒去了。只聽到他的聲音，卻看不到他的身體。

他的聲音發話：「你把衣服送給自己看得見的人吧！」

那位菩薩的座位旁有一位名叫見諸幻的菩薩。阿闍世王正要把衣服獻上去時，只聽

菩薩（壁畫）

看來好像手持蓮華，正要談論什麼。頗似法隆寺金堂西壁的觀音菩薩像。

菩薩（壁畫）
豪華的裝飾邀請我們去夢遊。

菩薩說：「如果你認為有別人和自己的存在，我就不收你的衣服。有人執著汚穢，我不會接受他的東西。有人很想得解脫，我也不收他的東西。有人正在聚精會神，有人的心神散亂，我也不收他們的東西。我既不收有智慧人的東西，也不要無知人的東西。」

阿闍世王迅速地把衣服丟向菩薩座位的床上去。不料，菩薩也突然失蹤了。只聽到他的聲音，卻不見他的蹤跡。他的聲音說：「大王呵，你把衣服送給自己看得見的人吧！」

那位菩薩座位旁邊有一位名叫不見幻至泥洹的菩薩。阿闍世王捧著衣服走向前去，說：「上座離開了，請你收下來好啦。」

那位菩薩回答說：「如果你執著別人，那我就不收你的東西。倘若你既不執著五蘊、四大和六衰，也不拘泥佛、法和僧的話，因為各種存在都是不能執著的東西，只要做到這一點，我才會收下你的衣服。」阿闍世王拿著衣服，正要讓菩薩披上時，菩薩突然失蹤了。只聽到聲音，卻看不到他的形跡。

那個聲音說：「你把衣服送給自己看得見的人吧！」

他的座位旁有一位私呵末菩薩。阿闍世王正要送衣服給他，只聽菩薩說：「如果你的希望不能提升，我就不收你的衣服。如果你肯發菩薩心，像菩薩般保持這顆心，又能以平等心對待各種存在（法），又以平等心看待諸佛的教法，既不攝取，也不捨棄，對待一切存在沒有疑念，不以為各種存在裡有我，也不以為各種存在裡有解脫，那麼，我便收你的衣服。」當阿闍世王正要把衣服披在菩薩身上時，菩薩突然失蹤了，只留下聲音而已。他的聲音說：「你把衣服送給自己看得見的人吧！」

這位菩薩的座位旁邊有一位三昧拘遬摩菩薩。阿闍世王正要送衣服給他，他卻說：「你如能一面實踐三昧，一面離開疑念，我就收下你的衣服。你如果明白三昧裡，所謂各種存在原本沒有解脫這回事，那麼，我便收下你的衣服。」當阿闍世王正要把衣服披上去時，菩薩又失蹤了，只留下聲音而已。他的聲音說：「你把衣服送給自己看得見的人吧！」

隔壁座位有一位無量精進菩薩。這位菩薩說：「所有的聲音和文字都不能掌握。你如果會這樣思考，我才能收下你的衣服。」阿闍世王拿著衣服站著，正想讓他披上衣服，菩薩突然失蹤了，但聽見他的聲音說：「你把衣服送給自己看得見的人吧！」

隔壁座位有一位離所作垢菩薩。阿闍世王走向前去要送衣服給他時，只聽那位菩薩說：「你如果不以為自己送衣服給人，也不以為有別人會收下自己的東西，更不以為一定會有利益，只要能處在這種境界的話，我才會收下你的衣服。」當國王正要給他披上

菩薩（壁畫）

溫柔的姿勢讓人看了心境安寧。敦煌第57窟。初唐。

菩薩（塑像）

菩薩像代表智慧與慈悲的理想。敦煌第204窟。初唐

衣服時，菩薩突然失蹤，只留下聲音而已。他的聲音說：「你把衣服送給自己看得見的人吧！」

隔壁座位有一位曇摩惟懼和那羅耶菩薩。阿闍世王正要把衣服給他披上時，那位菩薩說：「倘若你以聲聞的身份出現而不入涅槃，以辟支佛的身份出現而不入涅槃，既不停留於生死，也不入涅槃的話，我便收下你的衣服。」阿闍世王正要把衣服給他披上時，菩薩突然失蹤，只留下聲音而已。

他的聲音說：「你把衣服送給自己看得見的人吧！」

雖然，阿闍世王有意送衣服給每一位菩薩，無奈，他們全都突然消失蹤影，座位上空空如也。只有一陣聲音在說：「大王呵，你把衣服送給自己看得見的人吧！」

阿闍世王向摩訶迦葉說：「我聽佛說，你是特別值得尊敬的人。我現在把衣服送給你，請你收下來吧。」摩訶迦葉不想收受。他說：「我沒有完全消除淫慾、瞋怒和無知。所以，我不能收你的衣服。而且，我也沒有離開無知，沒有脫離惡、沒有脫離苦。既不學習，也沒有學盡。另外，我既沒有指望指導別人，也沒使他們開悟。我沒有思道心。既不見佛、不聞法、也不算比丘。我的智慧不生，眼睛不清淨。既不知應該在哪裡？也不知必須做什麼？凡給我布施的人，不會有大功德，也可能得不到尊貴的解脫。」

摩訶迦葉說：「假如你的想法跟我相同的話，我便收下你的衣服。」阿闍世王正要把衣服給他披上時，摩訶迦葉也立刻失蹤，只留下聲音說：「你把衣服送給自己看得見的人吧！」

之後，阿闍世王企圖把衣服送給比丘們，但見諸位比丘逐一消失，最後，五百位比丘也全部失蹤了，只留下聲音說：「你快把衣服送給自己看得見的人吧！」

第二十四節　阿闍世的覺悟

阿闍世王開始尋思了，菩薩和比丘全部都走光，現在要把衣服給誰呢?他打算把衣服送給內宮的第一夫人，不料，連她也失蹤了。

頃刻間，阿闍世王進入三昧裡，在五陰中，首先看不見物質。那就是看不到女人，也看不見男人。既看不見男兒，也看不見女兒，甚至連垣牆、樹木、家屋、城廓也看不見，但是還有餘念，那就是說，有自身的念頭、物質和判斷完全消滅了。

又聽到聲音說：「跟眼前所見的一切一樣，不妨看看自己的不安吧。跟所見的不安一樣，不妨看看一切的存在吧。看見東西，卻不要以為看見東西。不要以為看得見東西

國王與妃子（壁畫）

從左邊起有阿闍世王、妃子和大臣

，這才是事物的正確看法。你把衣服送給自己看得見的人吧！」

因為阿闍世王看不到一個人，才想把衣服給自己披上，不料，這時連自己的身體也看不到了。心、意識和想念全都消失了。這叫做脫離想念，叫做脫離不安。阿闍世王從三昧裡出來了。這時，菩薩與比丘又逐一像原先一般看得見了。妃姬和官吏們也全都像原來一樣看得見了。

阿闍世王問文殊師利說：「剛才大家都在哪兒呢？我怎麼都看不到你們？」

文殊師利說：「你的不安在哪裡，他們便在哪裡。」

文殊師利說：「你現在看得見大家嗎？」

阿闍世王說：「看得見。」

「怎麼看得見呢？」

「我看得見自己的不安，才能以這種形式看得見大家。」

文殊師利問：「怎樣看得見不安呢？」

「跟剛才看不到大家一樣，也看不到不安在自己的裡面與外面。」

文殊師利問：「你聽佛說過，犯大罪的人會下地獄嗎？」

「我聽說過。」

文殊師利問：「大王，你以為自己會下地獄嗎？」

阿闍世王反問：「當佛陀恍然大悟時，有誰升天嗎？有誰下地獄，或得到平安，甚至入涅槃嗎？」

文殊師利說：「沒有。」

阿闍世王說：「我悟得一切存在都是空。地獄也是空，天界和平安也不例外，都是空性，各種存在全都不會壞。因為都進入法身了。法身裡沒有天界，也沒有人間界。沒有地獄、畜生界和餓鬼界。罪不離法身，犯罪的人不離法身，所有罪的根源都是法。過去與未來都沒有來去。各種存在既無過去，也無未來。只要明白這些事，便不會下地獄，既不上天界，也不入涅槃。」

文殊師利說：「佛說有罪的，那麼，你為什麼說『沒有』？」

國王答說：「我沒有違背佛說。」

「怎麼說呢？」

「無我是佛的教義，所謂真理，不外是無我的真理。這就是指無人。意思是既無人犯罪，也無人受罰。」

文殊師利問：「大王已經離開不安了嗎？」

國王答說：「雖然已經離開原來的心境，從那次以後又離開過一次了。」

文殊師利說：「你的疑慮消除了嗎？」

國王答說：「疑慮從老早以前就沒有過。」

文殊師利問：「大家怎麼知道你有沒有罪，或已經離開了罪呢？」

「聽到佛那樣珍貴的教誨，才明白所謂『我』這種東西，之後便知道我沒罪。獲得耐心的菩薩，會寬恕所有的惡，這個情形跟群衆的態度相似。菩薩是智慧的權化，經常會起誓願。」

那羂頭梁耶告訴阿闍世王說：「你的罪已經清淨了，你也得到堅定的信心了。」

國王說：「一切存在物都是清淨的，沒有汚垢之處，因為它不能汚穢。由於真理的道上沒有缺欠，即使踏入大罪的路上，既不離生死，也看不到涅槃。因為這條大罪之道既不能走，也不能接近。」

說到這裡，阿闍世王立刻得到了堅定的信心。這時，有三十二名妃姬在文殊師利面前起了無上正等正覺的心，五百位臣下也進了須陀洹之道。

在此以前，羅閱國的百姓都擠滿在宮殿門前，有意瞻仰文殊師利說法的情狀。文殊師利為他們伸出腳拇趾向地面一按，只見宮殿牆壁與地面馬上變成琉璃，站在外面的老百姓，似乎都看得見宮殿內的菩薩和比丘。被光明照亮的物質好像都看得見，同樣地，當場的情狀似乎都看得一清二楚了。

老百姓都聽到了文殊師利的說法。八萬四千人進入須陀洹道裡。五百人也起了最高而正確的悟心。

文殊師利向阿闍世王、家臣和老百姓說完法，給了他們平安，才從座位起立，率領衆菩薩和衆比丘離開了宮殿大門。

第二十五節　殺父弒母

阿闍世王率領宮中的官吏僕傭，親自送他來到城門外了。這時候，只見樹下有一個人在大聲哭號。「我殺了自己的母親，不知像我這種人還能得救嗎？」

文殊師利大顯神威，造出一個漢子來，並讓他和父母親一塊兒走在路上。只聽父母親說：「這條路才對，我們就走這條路好啦。」兒子說：「那條路走不通嘛。」這一來，你一言我一語，反覆了好幾回合，兒子與父母親終於吵了起來。不料，兒子盛怒之下，便起了殺機，把父母親活活殺死了。

剛才喊說：「我殺了母親」的漢子，目睹那個兒子殺死父母的情景，便在旁邊放聲大哭了。他向那個殺死父母親的化身漢子說：「我幹的事連法典上都沒記載，那是殺害父母的大壞事。」

那個殺母的漢子暗自沈思：「我只殺死母親而已，他連父母親都殺了，罪過太大了，比起他應受的懲罰，我還算輕微一些。」

化身人向殺母的漢子說：「我只能去佛的地方，因為佛肯收容無處皈依的人，也肯

國王訪佛陀

下方：國王乘馬出城。從下方到中央有人群與象列。左上台座表示有佛在座。前面有國王問訊。古印度時代的宮殿與城門景觀浮現出來。

庇護無人庇護的人。聽從佛的教誨，可別違背佛法才好。」化身的漢子闊步向前走去。殺母的漢子尋思：「我要接受他的建議才對，至少我的罪還比他輕微。」

於是，兩個漢子邊走邊哭，一起走到佛的面前，問訊後才坐下。化身人說：「我幹了一件壞事，因為我殺害自己的父母。」

佛說：「好，好，你的話裡有誠意、不撒謊。在佛面前不隱瞞自己的罪行，還肯坦率透露出來。」佛又說：「你們別害怕，也別擔心，聽我的教誨吧！」

化身人（漢子）說：「我會遵照佛的吩咐去做，請佛庇佑好嗎？」

佛說：「你先得想想心的存在。到底在過去、未來和現在的三種心裡，哪種心殺害了父母親呢？」佛繼續說：「過去的心已經消滅了，它在哪裡，或去了哪裡都不知道。未來的心不可說，因為那種心尚未來到，根本不存在，完全沒有。那是既不能想，也不能想像的事。現在的心沒有地方停止，縱使發心，心意卻即刻消滅，也沒有集合的過程。它要去哪裡呢？或從哪兒來呢？也都不知道。心這種東西是不是青色呢？不知道。它是紅色、白色、黃色或黑色呢？也統統不知道。心是看不見的，沒有形狀，掌握不到，也不會伴隨什麼東西。好像幻物一樣，從身體的內側和外側都看不到它，甚至在中間也不見它的蹤跡。」

佛說：「心在感受愛的時候也看不見，在感受憤怒的時候也看不見。夢醒的時候，好像看見夢境的心一樣，彷佛有顆心在做什麼，或不曾做什麼的樣子。心是什麼也不曾給予，亦不曾得到。心本來清淨，既不汚穢，也不會變清淨。」

佛說：「心既不在這兒，也不在那兒。彷佛幻象似地很難掌握。因為它沒有伴隨任何東西。明白這個道理的人，便沒有什麼念頭。不考慮自己存不存在的事。不考慮肉眼看見的東西是存在？或一直看得見的東西才存在？各種事物寂寞地存在，沒有動作。凡有這種信念的人，就不會下地獄（惡道），因為它無處可以汚穢。所謂心這種存在，既不會生，也不是執著的對象。」

化身人說：「好極了，好極了。佛是以法身的角色成佛的。我現在知曉佛的教法了。沒有犯罪，便不受懲罰，我對這一點相信不疑。原因是，既無生起的事，也無消滅的事。各種存在依然存在，我現在打算去做沙門了。」

佛說：「就如你所願好了。」

果然，化身人變了一位沙門。他向佛說：「您寬恕了我殺父弑母的罪行，才能讓我當了阿羅漢。之後，我又想入涅槃了。」

佛說：「如你所願好了。」果然看見化身比丘飛躍二十幾丈的天空中，並在空中入了涅槃。總之，他的身體噴出火來，徹底燒毀了自己的身體。

第二十六節　殺母的解脫

殺母的漢子目睹化身男子入了涅槃，也從頭到尾聽到佛的說話。他不禁暗忖，他犯了滔天大罪，尚且當了沙門、得度，也進了涅槃，我犯的罪沒有理由不能像他哪樣皈依佛，得到相同的結果。

他走向佛的面前問訊後，稟告：「我幹過壞事，曾經殺死母親，現在要皈依佛了。」

佛說：「好極了，好極了！你的話有誠意，沒有撒謊，據實吐露出來，你在佛面前，不隱瞞自己的罪行，都說得很清楚了。」

佛說：「你先得想一想心的存在。到底在過去、未來和現在的三種心裡，哪種心殺了母親呢？過去的心已經消滅了，它既不在身體的外面，也不在裡面。哪裡都沒有，未來的心不能說。因為尚未生起的東西不存在。哪是既不能思想，也不能被思想。現在的心無處可停。只要心生起來，也會立刻消滅，也無集合過程。它要去哪裡呢？打從哪裡來呢？我們都不知道。心這種東西是青色嗎？紅色嗎？黃色嗎？白色嗎？黑色嗎？也都不知道。心既沒有形狀，也無法看得見。既不能抓住，也無法聽得到。因為它沒有聲音，又不能把握，沒有什麼陪伴。好像幻像一樣，在身體內側找不到痕跡，在外側也掌握不到，更不在中間。心裡沒有汚穢，沒有惡，也沒有疑惑。心裡沒有作為，沒有動作。心不給予汚穢，也得不到汚穢，因為心原本很清淨，它既不汚穢，所以也不會變清淨。

心既不在哪裡，也不在這裡，心像虛空一樣難以把握，沒有陪伴任何東西，只要明白這些，便沒有想念，不受拘束，不必清掃，不執著所見到的事物。不做執著的對象，也不拘泥它，諸如此事都不做作。因為不執著，心即是解脫，因此沒有障礙（自由），不下地獄。原因是，心這種東西什麼也不執著，哪裡也不去，也不停在生死世界裡。」

這時候，那個殺母的人身上每一個毛孔，都噴出地獄的烈火來，痛得他形容不出來。只聽他說：「我要皈依佛，請佛護衛我，好讓我得以平安。」

這時候，佛伸出黃金的手撫摸他的頭頂，烈火立刻熄滅，苦痛才得以解除。他跪在佛前，表示要當沙門。佛說：「就如你願吧。」只見他即刻成了沙門。當佛向他解說四諦的教法時，他馬上得到法眼，深入教理，證得阿羅漢果了。他向佛說，自己很想入涅槃。佛說：「讓你如願吧。」果然，他飛躍空中一百四十餘丈，身上噴出火來，燒毀了自身。千百億位神也飛過來供養他了。

舍利弗向佛說：「佛實在很尊貴，因為您能讓那些為非作歹的人解脫出來。除了佛，恐怕誰也做不到這一點。因為文殊師利和衆菩薩披有深厚的鎧甲，才能了解這件事。要是阿羅漢和辟支佛就不能理解了。他們根本不懂天下蒼生的行為。」

佛告訴舍利弗說：「佛國土的地方，菩薩忍耐得住，但對阿羅漢和辟支佛來說，就不那麼容易了。阿羅漢和辟支佛能知芸芸衆生的行為。因為每個人的行為，都會得到不同的結果。你們認為誰若犯罪，必定會下地獄。我卻不會讓他下地獄，反而會使他入涅槃。你們認為誰很可能會入涅槃，其實，他會下地獄，我知道得很清楚。因為你們不懂芸芸衆生的行為。」

佛向舍利弗說：「你看見那個殺死母親的漢子進了涅槃嗎？」

「看見了。」舍利弗說。

佛說：「因為他在前世供養過五百位佛了。同時，他聽過每一位佛的教誨說：『心這種東西原本很清淨』。所以，他在這一世才能再度聽到這段教法，而後進入涅槃。他非常了解這句教法，通曉難解微妙之處，歡喜雀躍之餘，才能消除不安的心。在差勁的師長誤導下，心尚未成熟，以致犯下罪行的人，只要碰到機會也能解脫。『心這種東西原本很清淨』，只要相信這句教法，就不會下地獄。原因是，他不會碰到任何障礙之類的東西。」

第二十七節　阿闍世的前世與來世

其間，有文殊師利跟衆菩薩和摩訶迦葉等衆比丘、阿闍世王、群衆以及一群官吏等，一齊來拜訪佛的精舍了。

舍利弗問阿闍世王：「你聽到剛才的教法，所有的不安都除掉了吧？」

阿闍世王答說：「聆聽教法，總算開悟了。」

「你聽到什麼教法了呢？」

「這個教法是無所得，也無所不得。不能掌握，也不能捨棄。自從我聽完這個教法以後，我的汚垢早已消失了。」

舍利弗問佛說：「阿闍世王以後還剩下那些罪呢？」

佛說：「他聽到的教法只像一粒芥子那樣小，但，它能消除如須彌山那般大罪。」

舍利弗問佛說：「阿闍世王不下地獄了嗎？」

忉利天界的神穿了豪華的衣服，戴上寶石下凡地上，也像回到自己的住家一般，阿

佛在蓮花座上說法
衆菩薩在讚嘆佛

闍世王也披上華麗的衣服，戴上寶石下地獄，這個地獄叫做賓頭，不過，阿闍世王來到這裡也不覺得痛苦，又像回到自家一樣。」

舍利弗對佛說：「非常不得了的事，阿闍世王的罪總算減輕下來了。」

佛問舍利弗說：「你可知道阿闍世王的前世嗎？」

「不知道。」

「他在前世供養過七十三億的佛，也聽過每位佛的深妙教法，他離不開無上正等正覺的心。」

佛又問舍利弗說：「你看過文殊師利嗎？」

「我看過了。」

他才是最先接引阿闍世王，讓他發起無上正等正覺心的人。換句話說，老早以前有一位安穩覺佛。當時的劫名叫做無塵垢。在這個劫裡，有三億億人好像在文殊師利的誘導下轉動了法輪。」

佛向舍利弗說：「即使多如恆河沙石的佛給阿闍世王說法，也解除不了他的不安。因為最先接引他的人是文殊師利，所以，只有文殊師利才能解除他的不安。阿闍世王每次投胎轉世，都會聆聽文殊師利甚深的妙法。」

佛說：「所謂菩薩者，在前世有所造作，一定會依據最先的發意得到解脫。阿闍世王以後會下地獄，之後會出生到天界吧？那個天界在從此向上方，經過五百四十五國土的遠方。國土名叫惟位（漢譯為嚴淨）。佛名叫羅陀那羇頭（漢譯為寶好）。阿闍世王在這個國土上再度遇到文殊師利，之後，便在那個國土上聽他說法，得到無生法忍了。

接著，彌勒在那塊地方成佛，阿闍世王也在那裡出生。當時的阿闍世王名叫阿伽佉鈚。彌勒佛引出阿闍世王的故事向眾菩薩說法。這段說法既不太長，也不太短，摘要恰當。彌勒說：『阿伽佉鈚在從前釋迦牟尼佛時代，是一位名叫阿闍世王的國王。在壞人的唆使下殺死自己的父親。他從文殊師利口中聽到殊勝的教法，聽完後十分歡喜，得到堅定的信心了。他的罪行才即刻消失掉。』當彌勒佛說到這裡時，八千位眾菩薩紛紛得到無生法忍了。

之後，在八阿僧祇劫之間，阿伽佉鈚不停地實踐菩薩道、教化眾生、淨化國土。芸芸眾生聽到他的教法以後，有些成就了聲聞，有些成了辟支佛，有些當了菩薩，全都沒有汚垢，沒有障礙了。他們統統擁有智慧，也脫離了不安。

阿闍世王就這樣經過八阿僧祇劫的漫長時間，才成佛作祖。當時的劫名是唾曰鈚陀遍（漢譯為歡喜見）。國土名字是阿迦曇（漢譯為藥王），因為病患全都能醫好的。阿闍世王的佛名叫做惟首陀惟沙耶（漢譯為淨所部）。當時，衆生的壽命有四小劫，聲聞有七十萬人，全都能依據智慧得到解脫，也都知曉八惟務禪。菩薩有十二億人，大家都有百般的智慧，修得善巧方便。佛入涅槃以後，法還能繼續一億萬年，然後才會消滅的。出生在那塊國土的芸芸衆生，至死都還不明白不安是個怎麼樣的情狀，他們的壽命終結以後，也不會出生到八個惡所裡。原因是，他們聽到佛說的深妙大法，沒有被染上污穢的緣故。

佛告誡舍利弗說：「不要輕蔑別人，因為輕蔑的行為會有罪。」佛說：「我知道人的行為，別人可不知道，佛知道大家死後的去處。」

舍利弗明白大家的意思，便開口說道：「我們都歡喜信受這套深妙的教法。」接著，又說：「從今以後，我們再也不妄說：『他是罪人』、『他是好人』，因為世人的行為不容易揣測。」

當佛預言阿闍世王成佛的事情時，一萬兩千位神都發起無上正等正覺的心，同時紛紛祈願說：「只要惟首陀惟沙耶成了佛，我們也希望出生到他的國土去。」佛對他們預言：「當他成佛時，你們也都能出生到他的國土上。」

第二十八節　王子，旃檀師利

阿闍世王有一個八歲的兒子，名叫旃檀師利。當時，旃檀師利卸下身上的珠玉，投向佛的頭上。同時說道：「由於這項舉動，我才發起無上正等正覺的心。當惟首陀惟沙耶成佛時，我想當轉輪聖王。惟首陀惟沙耶入涅槃以後，我想跟著成佛。」

他丟出去的珠玉全都起了變化，成為七寶珠網的帳幕。形狀四方，裡面有床坐。椅子用各種寶石裝飾，坐席也是如此，佛坐在椅子上面，只見佛在微笑。許多不知名的色光從佛的口裡吐出來，環繞十方，再回到佛的身邊。色光在佛的身體繞行三圈，又從佛的頭頂進入體內了。

阿難從座位起立，問佛說：「佛不會無緣無故發笑的，請問佛笑的理由如何？」阿難又繼續在讚嘆佛：「佛的智慧非常尊貴，這項智慧活動沒有掛礙。知道所有世人的心，依照他們的願望，讓大家都能如願以償。天上天下惟我獨尊。請您說說剛才微笑的理由好嗎？十方大衆都到佛前，同時發出百千億那由他的問題。佛即刻回答大家的疑問，而沒有漏答任何一項疑問。剛才微笑的理由務必說來聽聽好嗎？

佛能自由知曉過去，未來和現在所有發生的事情，關於剛才的微笑，也請佛詳加說明，好消除我們的疑念。

佛的光明遠遠超過太陽和月亮的光明，也超過帝釋天與梵天，遠至遮迦和山，把自身的光明啟示天下蒼生。凡能看到這種光明的人，便不會執著什麼了。因為佛沒有瑕穢的緣故，請把剛才微笑的理由說來聽一聽好嗎？」

佛告訴阿難說：「這個旃檀師利現在供養我，也發了無上正等正覺的心。惟首陀惟沙耶以後成佛時，他會出生到那個國土，當上轉輪聖王。同時，家屬和僕傭等也都會供養這位佛和衆比丘，至死也不休。這位佛進了涅槃，他會繼承於後。換句話說，轉輪聖王壽命終結後，會上升到兜率天，當他在那兒結束壽命時，會下凡地面，出生到這個佛國土（惟首陀惟沙耶的佛國土），成佛作祖。佛名叫做旃檀翳尊，所有一切經過跟前一位佛（惟首陀惟沙耶）一樣。他的壽命也跟前一位相同，聲聞和菩薩的人數也跟前一位佛相同。」

第二十九節　文殊師利的教法

別國的衆菩薩來到阿闍世王的宮殿，他們說：「文殊師利所在的地方跟佛的住處一樣，因為文殊師利的作為，也跟佛的作為完全一樣。菩薩得自文殊師利的教法，也跟佛給我們的教法相同。因為菩薩再也不出生到惡處，不怕魔物，也不怕罪行，汚垢沒有了。不論在都城、群縣或村落，誰若學到文殊師利的教法，同時肯信仰和讀唱這部『阿闍世王經』的話，甚至也肯抄寫這部經的話，我們看待他，就像看待佛一樣。聽聞這項教法的地方，應該視同佛居住的地方。」

佛向衆菩薩說：「如同你們所說的情形，因為早在無數劫以前，有一位提洹竭佛，他對我有過預言說，我以後會發起無上正等正覺心，成佛作祖。他所以會對我說出這種預言，是因為我曾經用毛髮舖著地面，讓提洹竭佛在上面走路，而提洹竭佛才在那個地方說出下段預言：『你在阿僧祇劫以後會成佛，號稱釋迦牟尼佛。』接著，提洹竭佛向衆比丘說：『這裡是預言的地方，不能讓腳踐踏這塊地方。因為這種場所非常神聖，衆神和老百姓都應該祭祀這裡，誰會在這裡建塔嗎？』」

八十億位衆神都暗自尋思：「我要建造。」這時候，忽聽一位颰陀調的長者說：「我要建塔」，果然，他就造了一座莊嚴豪華的七寶塔了。當塔建完時，他來向提洹竭佛報告：「塔建好啦」。他又問佛：「這項功德怎麼樣？」提婭竭佛說：「菩薩得到無生法忍的場所，好像車輪一樣圓。如在那裡造塔，那座塔的基礎會深入地底。諸天和鬼神都會供養這個場所，這跟供養佛舍利沒有什麼兩樣。菩薩在那裡聽見自己會得到無生法忍的預言，那裡會像車輪一樣圓。那裡用七寶佈滿、塔的高達到三十三天，建塔的功德，比布施佛的功德要大。」

提婭竭佛對颰陀調說：「我預言那個年輕人（摩納）將來會作釋迦牟尼佛時，你就在這個預言發生的地點建了塔。那麼，你由於這件功德，來世會從釋迦牟尼佛聽到預言說，阿僧祇劫以後會成佛作祖。」

釋迦牟尼佛向一群參與的人說：「你們知道當時的颰陀調長者是誰嗎？」參與的人們說：「不知道。」

佛說：「眼前一群參與者裡，有一位作羅一耶闍長老，就是他啊！」釋迦牟尼佛一面說話，一面對作羅一耶闍預言說：「你以後會成佛，名叫須陀扇（漢譯為決見）。」

釋迦牟尼佛又說：「如果比丘、比丘尼、優婆塞和優婆夷，肯抄寫和唱讀這部『阿闍世王經』，也肯向一切衆生講解它的教法，那麼，發生這些情況的地點，會圓如車輪，造成那個地方的塵土堆積，深入地底，上達三十三天。知者從這個神聖的地點，拿起一粒塵土來供養它。因為衆菩薩會在這個地點，依據他的教法，得到無生法忍。」

佛說：「如有男女每天各做三次大規模的布施——用七寶佈置三千大千世界的佛國土，專心持續和反覆如此，直到百劫、千劫或百千劫為止。若肯誦讀、尊敬、重視和唱唸『阿闍世王經』（阿闍世品），並把其中的智慧告訴芸芸衆生，也自動遵守信仰的話，這項功德足以比美現在所說的布施功德。

過去佛（提惒竭佛）

肩膀噴出火焰。提惒竭佛走在舖髮的地上。他的右下方有彌勒。提惒竭佛的手掌有法輪印。

如有男女在百劫之間都肯遵守戒律。經常聽聞這段教法（『阿闍世王經』），信仰和喜歡它的話，那種功德足可比擬現在所說的戒律功德。

如有人歷經百劫被人毆打和謾罵，憤怒地實踐忍辱行，只要他肯聽聞這段教法、信仰和喜歡它，那麼，這項功德會相當於現在所說的忍辱功德。

如有人歷經百劫都很精進，服務芸芸衆生，也不以為苦，或不惜生命。只要肯聽信這段教法。將它的內容向芸芸衆生講解的話，那麼，這項功能會相當於現在所說的精進功德。

如有人歷經百劫都在實踐瞑想，這樣還不如把這段教法講授給芸芸衆生。這種功德不輸給實踐瞑想的功德。

如有人歷經百劫都在實踐智慧，那麼，如肯聽聞這段教法，理解內心原本清淨的話，那麼，這種功德相當於現在所說的智慧功德。

第三十節　參與者起誓

衆菩薩紛紛向釋迦牟尼佛說：「我們會遵行這段教法，不論到那個佛國土，都會用這則教法來引導衆生。」

佛告訴衆菩薩說：「你們不論去那裡，都不妨講解這部教法。這樣做法跟佛的作為完全相同。因為這部教法包括一切佛事。」

聚集在此的衆菩薩紛紛把鮮花散落在佛的頭上來供養了。鮮花把三千大千世界的國土都埋沒了。

衆菩薩說：「這部教法實在是很尊貴的教理。釋迦牟尼佛說的這部教法應在閻浮利地永遠存在，成為天下蒼生的光明。文殊師利也應長久停留在這個地方。因為許多衆生應該聽到這個深奧的教法才對。」

衆菩薩說：「粉身碎骨也不足以報答這個恩惠。」

佛說：「不論男女，從別人口中聽到這部教法，粉身碎骨也不足以報答這個恩情。若想要見佛，那麽，不論男女都一樣只要祭祀自己聽到這部教法的地方，就如同祭祀佛一樣，凡對這部教法起了信仰心的人，應該跟看見佛的情狀一樣。」

衆菩薩從座位起立，向釋迦牟尼佛問訊，並在光明中即刻失蹤了。他們回到故國，各在自己的住處向世人介紹這部教法，詳解其中的智慧。芸芸衆生聽到這部教法，也紛紛起了無上正等正覺的心。

佛對彌勒菩薩說：「這部教法務必要好好誦讀。同時向芸芸衆生詳細解說。對天上天下的芸芸衆生都要施予哀憐才好。」

彌勒菩薩說：「我已從過去諸佛口中聽過這部教法了，也誦讀過了，我現在又重聞這部教法，也有意為天下蒼生說法。佛呵，你入涅槃之後，我會從兜率天上俯視地面，護衛和協助那些肯學這部教法的男男女女。當末世來臨，佛法全都毀滅時，如果聽到那裡有這部經，請放心，我一定會保護這個地方。倘若魔物在中途想要破滅那些奉行這部教法的信徒，那麼，我一定會守護這群信徒，阻擋魔物的企圖。」

之後，佛告訴帝釋天說：「不妨誦讀這部教法，消除你的不安。倘遇阿須倫起兵來攻打你的話，你就唸誦這部經。那麼，你會獲勝，敵兵會畏怯退走。」

佛又說：「如有郡國、縣鎮和村落的百姓奉行這部經，那麼，你要保護他們。當他們遇到邪惡的官員，或進入恐怖的衙門時，他們不妨唸唱這部經。倘若被強盜捉去，也不妨唸這部經。如到荒郊野外看見敵人，或遇見怨家仇人，也不妨唸這部經。若有聚精會神信仰這部經的人，不妨讓他們有各種方便。」

佛告訴阿難說：「你要誦讀這部教法，也要向芸芸衆生講述這部教法。不論男女都不例外，只要肯聽聞它的教理就不會惶恐不安。不安會消失無蹤，不再受制於罪行。不受制於生死，不離正道。縱使不小心步上邪道，也會走不通的。不會碰到不吉祥的事。因為他們聽到這部教法的緣故。縱使有人幹了壞事，只要聽信這部教法，歡喜奉行，也會離開邪惡，而不會受到惡報。」

摩訶迦葉對佛說：「我可以作證文殊師利在阿闍世王的款待席上講解這部教法，說明有關罪行的情形。之後，阿闍世王聽了歡喜信仰，終於拋棄惶恐不安。我現在反覆指出，只要肯信這部教法，便能像阿闍世王一樣得到解脫的。」

摩訶迦葉又說：「所有的人原本都很清淨。無奈，有人常說這是我的東西，或說這不是我的東西，自己對本來清淨的事實完全無所知曉。誰若明白了，本來清淨這回事，誰的罪行便會消失，彷彿阿闍世王一樣得到解脫。有些愚蠢之輩不懂這回事，無異自己毀滅這個事實，因此，才會招致苦惱，陷入地獄裡。」

摩訶迦葉說：「我可以做證誰若信仰和喜歡這部教法，誰便不會兩次墮入惡道。」

佛說：「你說得沒錯，佛及菩薩的心腸完全不會污穢。」

阿難對佛說：「怛薩阿竭呵，希望後代世人也能看到這部教法才好。」

佛的身體放出光明了。這些光明照耀無數的佛國土。牆堡和樹木全都發出聲響：「這部教法會存續下去，原因是，縱使劫數完結時的猛火（劫火）會出現，凡是應該聽這部教法的人，一定能夠聽到這部教法，凡是應該聽聞這部教法的人，即使在海中也能夠聽得到。」

佛對阿難說：「牆堡和樹木說得沒錯，情形正是這樣。凡是積有功德，已經進入摩訶衍的人，後世都會聽見這部教法。」

當佛這樣說時，九萬六千位神和人都進了須陀洹之道。七萬八千人全都發起無上正等正覺心。兩千位菩薩得了無生法忍。八千人證得阿羅漢果了。三千大千世界六邊起了震動。各種黑暗紛紛開朗，全都被照耀得很明亮了。

慾界的諸神和物質界的衆神用形形色色的伎樂來供養佛了。他們一面把天界的花，和天界的香紛紛向佛散落，一面說道：「所謂法輪者，只有聽到這部教法（『阿闍世王經』）的人，才能站在轉動法輪的場面上。外道們聽聞這部教法，知道自己會落敗。這部教法是菩薩的印鑑，只有得到這個印鑑的人，才會到菩薩樹下去。」

佛說完了這部經，以阿闍世王和文殊師利為首的衆菩薩，還有以舍利弗、摩訶目犍連、阿難為首的一群聲聞，以及諸神、犍陀羅和所有族裔的人們，聽完佛的說法，便向佛的腳頂禮後離開了。

佛說阿闍世王經。

（卷下　完畢）

四、解　說

㈠、阿闍世王的簡介

阿闍世這位印度的國王，生長年代跟釋迦牟尼佛相同。「阿闍世」是印度 Ajātaś-atru 一字的音譯，意譯成「未生怨」。

為何取名「未生怨」這樣不祥的名字呢？這方面有一項傳說。原來，他還在娘胎裡尚未誕生時，一位預言家說：「這個孩子長大後會殺害父親。」他的父親聽了心生畏懼，所以在他出生時，企圖弄死他。結果，企圖失敗，反而讓他平安地成長起來，果然不幸被言中，他最後殺死了自己的父親。對父親而言，他等於「尚未出生便成怨敵」，所以才特地叫他「未生怨」。

不久，他懊悔自己的罪行，而成了待救的可憐人。這件特殊情況反而提供大乘佛教徒一項思考的主題——罪行與待救。希臘悲劇作家創造一個殺父的典型，那就是歐德普斯王殺害父王的例子，同樣地，阿闍世也成了印度佛教作家筆下一則殺父的典型故事。

㈡、『阿闍世王經』的意義

佛教教義的精髓之一——無我，曾在本經裡出現，如阿闍世說：「無我是佛的教法。」佛教否定人人相信不疑的思想——自我的存在。初期的佛教徒當然很忠實地信受這項思想。但在另一方面，他們更相信要素的存在，他們這樣尋思：「自我是由某些要素組成的暫時性存在，而要素本身是不變的。」這個想法跟現代的科學世界觀相通——「物體是原子組成的暫時性存在，而原子本身是不變的。」

然而，釋迦牟尼否定了自我的觀念，卻不曾否定要素的觀念。大乘佛教首先注意到這一點，他們便同時否定自我與要素兩種觀念。為了凸顯這個嶄新的立場，才用了「空」這個術語。依照他們的論點，自我也空、要素也空，統統都是空。

不過，空的概念很微妙。許多人會誤解這個字，習慣把它看作無的意思。空不是無，無裡便有一個有的對立概念。但在空裡卻沒有這個概念。空既不是有，也不是無，而是超越有與無。

那麼，應該怎樣說明才好呢？我不時向學生測驗下列的情狀。那就是進了教室，我會把手提包掛在教桌邊。自己站在教壇上閒話片刻以後，才默默地把手提包放在桌上。我先把手提包打開一些讓學生看，以後又把它掛在桌邊。學生注視著桌上，懷疑開始談什麼呢？心裡七上八下，我便對學生說：「你們現在一直注視桌上這個空間，懷有一種沒有手提包的意識，不過，講課後的前三十分鐘，再也無心注視相同的空間了。面對同樣的空間，你們有不同的心態，這可表示空與無的不同了。」

事實上，空的思想並不主張無，這種思想並不是說明「沒有東西」，而是教導我們「不要執著事物」的意思。因此，這種思想發自某種情況，即世人一開始執著這套思想本身，便要立刻警告自己：「空也是空的。」

要解說空的思想很不容易，理由是，在本質上，這種思想在否定語言，但又必須要用語言來說明它才行。目前，大家對語言的信仰幾乎屬於生理性狀態。實際上，這種信仰要靠教育來培養（也包括單純的常識傳達），教育要從嬰兒期開始，而對語言的信仰幾乎被看作人的本能，這種想法根深蒂固般地深入人心。這一來，大家都認為如有語言，便自然會對應，對於這一點相信不疑，這種話的顯著例證是：「我」這個字。在這種狀況下，當然，若要理解空的思想是非常困難的。

不過，我確信這個思想有普遍性。原因是，像歐洲這樣文明的社會，也有一群思想家批評人類盲目信仰語言，他們說那是「一種野蠻的咒物教」。例如，尼采便把自我的觀念，看作一種咒物信仰的產品（尼采著『偶像的黃昏』）。近年來，日本似乎也盛行言語的批判了。

大乘佛教徒想用空的思想，來解決阿闍世的苦惱。或者可以這樣說，他們想到一套訣竅，為了說明空的思想，才利用阿闍世的苦惱。處理阿闍世的罪行與救助的代表性經典，就是『阿闍世王經』和『大槃涅槃經』（「梵行品」）了。每本經典都在解說，怎樣靠空的思想來破解罪的觀念。那就是一切都是空，所以，既無罪的觀念，也無罪的行為，倘若苦於罪的意識，便是愚蠢了。

在初期佛教時代，這套思想反而遭到佛教徒自己大力排斥了。換句話說，把它看作六師外道普樓娜所說的思想了。由此可見，傳統的小乘佛教徒會指責大乘佛教的新思想，為惡魔的觀點當然沒有話說了（『慈恩傳』上記載，唐玄奘到印度探究大乘瑜伽論時，有一名小乘佛教徒批評那部論書為「邪見的書」）。

在耆那教裡，也能看見類似的思想，依據耆那教的聖典記載，庫利休那神激勵一名嗜愛殺戮的英雄說，人的魂魄是不死之身，殺人也只算破壞肉體，所以，你可以安心去殺敵。這種思想好像在否定倫理，把現世看成幻滅，這也許是印度思想家們最先懷抱的思想。當佛教的勢力在印度各地迅速發展時，有些婆羅門教的僧侶似乎滲入佛教裡來，使他們的思想逐漸移植到佛教裡了。

也有現代人跟這種思想起了共鳴，相互呼應。有些人表面上指責殺人恐怖，實際上卻認為殺人跟殺牛或殺魚沒有太大差別。幸好現代人裡——世界上以西洋人的教養為判斷準則——不重視這種思想，因為它含有唯物論的烙印，眼前似乎日趨沒落了。在印度，這種想法卻擁有冠冕堂皇的宗教權威。

現代人的學問進步，具有宏觀的態度，似乎能夠超越昔日人類的自我中心，和以人類為中心的看法。宇宙裡到處有大生命和小生命，宇宙裡也有壯大的運作，遠超過我們卑小的慾望。每個個體的死亡不等於消滅，無異新存在的誕生。在這種宇宙運作裡，人類宣傳的「人的尊嚴」與「道德的權威」，只見人類獨善其身的表示，而人類的憧憬卻如泡沫般地消失。所謂道德的起源，依我看，存在某種情狀下，那些想要活得很安心的人，提出善惡或罪罰等題目，來規定彼此的行動。換句話說，道德不僅要拘束自己的野蠻行徑，也要拘束別人的暴行，純粹因為這些目的才存在。

企圖剝奪道德權威的思想看來非常危險，只要上述的情形屬實，那麼，我們就得從這項事實出發才行。擔心道德崩壞而忽視事實，昧於改進的怯懦，乃是讓人類遠離究極幸福的要因。有些宗教不看生物進化的事實，只想保住權威，這樣能使科學時代的人們過得安心嗎？

但是，這對從事實出發的「覺醒的」眼睛，可能看得到如何恢復愛與幸福的思想嗎？我確信只有佛教才能保證這項可能性。如衆所周知，佛教是覺悟者的宗教，或理性的宗教。同時，它也是慈悲的宗教。最能代表佛教特色的名詞，自古以來不外智慧與慈悲。若要給佛教下定義，也恐怕以這兩個名詞最恰當。慈悲的精神充分表現在開山祖師釋迦牟尼的言行裡。之後，當大乘佛教出現時，慈悲的精神才由所有佛弟子表現出來，甚至有出人意外的犧牲精神也都能豐富佛教的內涵。

當釋迦牟尼這位教祖領悟了真理，本來不打算跟世人解說。但在梵天的央求下，才決心弘揚佛法（轉動法輪）。在傳教活動裡，可以充分看到釋迦牟尼佛的智慧與慈悲。他所領悟的真理，如是無我與空，那麼，他當然不想多解說。因為他的大徹大悟不能用語言來表示，那些不是一般人的常識。既然這樣，那他應該怎麼向芸芸衆生傳播才好呢？倘若他只是個冷靜或理性之輩，當然會知難而退，不會向天下蒼生講述真理的。

無奈，他是非常慈悲的人。即使他領悟了最高的智慧，也忍不住憐憫天下蒼生的苦惱，這才是他終身弘法的動機。他領悟的真理雖然難懂，但他也不忍見苦惱的衆生這樣死去。本來，他想當辟支佛（自己覺悟，而不向別人說法的佛），後來才自我反省，決心不當辟支佛（大乘佛教徒是充分自覺的反省）。縱使很可能沒有教，他也要努力宣揚真理。當他一想到此，佛教便名符其實地成了知性與慈悲的宗教。佛教徒因此才特別認定「轉法輪」具有深刻的意義。換句話說，「法輪」表示智慧，而「轉」表示慈悲。

依我看，與其說知性與慈悲是相依的東西，不如說是相剋的東西。人靠知性才能知所進退，由於感情才變成自由，這樣才能徹底冷酷無情（無悲）。但是，佛教的知性為何能跟慈悲連結得起來呢？

我的想法是：人類在進化過程具有想像力，知道要站在別人的立場。將心比心的能力透過文化力量，會在人與人間傳播出來，而成為所謂第二本能，甚至能夠超過知性的制御。如果依據知性，那麼，生物被殺是宇宙運作的一環，但還不會引起太大騷動。幸好人類有將心比心的能力，才會生起同情。倘若依照知性，那是將自己的心錯覺成他人的心，這也是迷惑。但有人理解空的思想，便不會執著迷惑與覺悟。他很怕迷惑，他不會拘泥，也能依照自己的同情心採取行動，他能把別人的歡喜，當做自己的歡喜。在大乘佛教裡，智慧與慈悲所以能夠融合，不外依靠智慧的力量，從此才可能產生文明人最圓融的宗教。

本書叫做『阿闍世的悟道』，其實，我以前在人文書院出版過『阿闍世的拯救』，因為兩本書的主題不外阿闍世的罪業以及怎樣克服的問題，而本書堪稱前著的姊妹編。

前部著作依據的經典是『大槃涅槃經』「梵行品」，而本書的依據是『阿闍世王經』。倘若比較這兩部經典，可說有下列的心得。兩部經典都以空的思想做基礎來探討阿闍世怎樣得救？從『阿闍世王經』裡，似乎比「梵行品」透露更多「空的教義」。『阿闍世王經』出現文殊師利，才特地展開空的思想，從此看到文殊師利非常活躍。表面上，經典名稱是『阿闍世王經』，但主角到底是阿闍世王呢？或文殊師利呢？幾乎看不太出來。難怪這部經典另有別名爲『文殊支利普超三昧經』了。

「梵行品」給人的印象，無異一則醫生的軼事，他努力想拯救一位無藥可醫的人，甚至到執著的地步。依我看，它似乎表示慈悲的最高峰。倘若佛教的兩條支柱是智慧與慈悲的話，那麽，『阿闍世王經』與「梵行品」無疑是相對的表現，可說各自代表智慧的支柱與慈悲的支柱。

著名的佛教學者哈達亞（Har Dayal）在自己的著作 The Bodhisattva Doctrine in Buddhist Sanskrit Literature 一書上說：「大乘佛教裡不乏一群大菩薩登場，其

實最重要的只有兩位——文殊師利與觀音。」

這句話含有很多暗示，文殊師利是代表智慧的菩薩，而觀音是代表慈悲的菩薩。文殊師利的智慧很有名，他在本書裡，可說一位偉大的教師，一直被看作第二佛陀。大乘佛教徒闡示新教義時，也許感覺上還把他的話當作佛陀的直接教法。因此，才不得不讓他以一位新英雄角色出現在佛教裡。

然而，今天大家反而比較注意觀音菩薩，更甚於文殊師利。大乘佛教的主角所以會從文殊師利轉移到觀音菩薩，也許反映出佛教思想的潮流。那就是佛教徒在智慧與慈悲裡，開始比較關心慈悲了。因此，從思想史的觀點說，在阿闍世的姊妹編裡，『阿闍世王經』比較先誕生，應該稱爲姊姊才對。

『阿闍世王經』以戲劇為舞台而展開佛教的思想。佛教思想乍見下不易掌握，但他能深入淺出，又很親切的形式表現佛教思想，無疑是很高明的創意。這部經的戲劇要兩天才能演完。

值得注意的是，那麼重要的舞台竟然會設在王宮的餐宴上。希臘有一個「餐桌討論」的文字，顯然，在『阿闍世王經』也不妨叫做「餐桌研討會」，它至少含有這種情調，所以這部經可以比美『饗宴』（Symposion）這本書。

㈢、『阿闍世王經』的概要

摩伽陀國的首都在王舍城，城外有一座靈鷲山。有一次，釋迦牟尼佛率領弟子們住在靈鷲山上的一邊，而另一邊住有文殊師利跟若干位菩薩，以及諸神。文殊師利那一集團在談論佛的智慧如此卓越，不知怎樣才能得到佛的智慧呢？談論後，有一位樂不動菩薩提議：「我們何不去請教釋迦牟尼佛，看菩薩到底要怎麼活動才好？」

文殊師利造出虛假的釋迦牟尼佛，讓他跟樂不動菩薩展開一問一答，旨在讓他領悟所謂佛的存在，不應該看作一個實體。

由於釋迦牟尼佛的神通運作，才把文殊師利那個集團成員，弄到釋迦牟尼佛的團隊裡來聽法。意指釋迦牟尼佛大顯神通，才邀請到文殊師利的團隊到自己的地方來。

在座席上，計有兩百位神企圖拋棄菩薩的理想。佛有意讓他們堅持信仰，便心思一計。只見佛展現佛鉢的奇蹟。因為釋迦牟尼佛藉這個方式明白表示文殊師利有偉大的力量，對眾菩薩來說，無異一位父執，連釋迦牟尼佛也曾得過他的協助才能成佛作祖，另外，佛還激勵兩百位神奮發圖強，努力精進。這時候，釋迦牟尼佛詳說自己得過文殊師利的恩情。那就是前世的釋迦牟尼佛在孩童時期，文殊師利是一位比丘，承蒙他的指引，才讓釋迦牟尼懂得供養勇莫能勝佛，發心做了不少功德。還有釋迦牟尼佛也談到另一個前世的遭遇。當釋迦牟尼佛在兒童時代，跟其他兩名童子一齊看過一切度佛和他的弟子們。當時，他自動立大志要成佛作祖。釋迦牟尼佛勸勉在座的弟子們要跟自己一樣立大志才好。

且說阿闍世企圖從自己的罪業下得救，便走出宮殿，前訪靈鷲山了。釋迦牟尼佛知道只有自己和文殊師利才能拯救阿闍世，於是，他便大顯神威，吩咐阿闍世不妨邀請文殊師利吃飯。文殊師利接受款待時，趁機向阿闍世百般闡示佛教的眞理。文殊師利為了要使阿闍世的宴席更加熱鬧，便去一趟常名聞國，率領當地的菩薩們來到沙呵國土了。這樣，才在沙呵國土的一個角落，跟他們通霄達旦解說「陀羅尼法」、「菩薩藏」和「不退轉法」。

天一亮，文殊師利便跟摩訶迦葉一塊兒去王宮了。他們互相謙讓，彼此都想讓對方走在前面，摩訶迦葉把菩薩譬喻為獅子，要讓文殊師利走在前頭。阿闍世獲悉有許多菩薩會光臨，遠比自己準備好的桌席要多，不禁十分困惑，幸蒙文殊師利的暗中協助，到時候才能供應所有必要的桌椅和飲食數量。

飲食一結束，文殊師利便向阿闍世說教了。只聽文殊師利告訴他：「多如恆河沙石的佛爺也救不了阿闍世。」阿闍世聽了非常慌張，忍不住從座椅上掉下來，文殊師利諄諄教誨許多深妙的意理，逐漸接近佛教的真理。文殊師利的結論是：「萬物都是無，也是法身。」阿闍世聽了歡喜雀躍，便想把價值千金的衣服送給他穿上。不料，文殊師利突然失蹤，反而聽見他在空中說話：「你能看到誰，便把衣服送給誰好了。」雖然，阿闍世有意把衣服送給剩下來的參與者，無奈，他們逐一失去了蹤影。

最後，當他準備把衣服穿到自己身上時，竟連自己的形跡也不見，這才使他恍然大悟，所有存在物到底是如何存在的呢？

宴席結束時，阿闍世親自送文殊師利到城門去。那裡剛好有一個漢人在哭叫：「我殺死自己的母親，罪大惡極，誰也救不得我。」文殊師利暗中造了一個化身人。這個化身人走向前來告訴他說，自己殺死父母，曾經向釋迦牟尼佛求救。那個殺母的漢子目睹化身人竟能得救，便自動去皈依釋迦牟尼佛，結果馬上得救了。佛能使罪大惡極的人得以解脫，才讓舍利弗忍不住大加讚嘆佛的功德。

釋迦牟尼佛談到阿闍世前輩子做過的善行，但在下輩子會當佛與菩薩。阿闍世的兒子聽到佛的話，感激之餘，也發心向佛。佛同時談到這個兒子的前世與來世。

來自常名聞國的一群菩薩，知道文殊師利的智慧不亞於佛，文殊師利的教法跟佛的教理相等，發誓自己回國以後，要大力弘揚這部教法——『阿闍世王經』。之後才歡喜離去。凡來沙呵國土的參與者也紛紛發誓要弘揚這部經典，才跟在佛後面離開。

另一譯本『文殊支利普超三昧經』分成十三品（章）。茲將這些品名跟本書的節名做一番對照。

(一) 正士品	第一節	佛的聚會
(二) 化佛品	第五節	化身佛說法
(三) 舉鉢品	第八節	佛鉢的奇蹟
(四) 幼童品	第十一節	三個孩童的心
(五) 無吾我品	第十二節	阿闍世拜訪佛
(六) 總持品	第十五節	文殊師利陀羅尼的說法
(七) 三藏品	第十六節	菩薩藏的說法
(八) 不退轉輪品	第十七節	不退轉車輪
(九) 變動品	第十八節	文殊師利拜訪王宮
(十) 決疑品	第二十一節	阿闍世的驚愕

㈩ 心本淨品 第二十五節 殺父弑母

㈪ 月首受決品 第二十八節 王子，旃檀師利

㈫ 屬累品 第三十節 參與者的起誓

㈣、原典簡介

文殊師利與釋迦牟尼佛靠大乘佛教來解救阿闍世王，而這部經典正是處理這項主題，也包括「佛鉢的奇蹟」軼事。印度文的原典失存了，不過，漢譯本倒有四種，藏譯本和日文譯本都各有一種尚存。

①、『阿闍世王經』，後漢月氏三藏支婁迦讖譯（後漢建和元年）。

②、『文殊支利普超三昧經（一名阿闍世王品）』，西晉月氏三藏竺法護譯（太康七年）。

③、『未曾有正法經』，西天譯經三藏朝奉大夫試鴻臚卿傳教大師臣法天奉譯（宋開寶六年）。

④、『放鉢經』，安公云元闕人今附西晉錄。

⑤、Ḥphags pa ma skyes dgraḥi ḥgyod pa bsal pa shes bya ba theg pa chen poḥi mdo.

⑥、布施浩岳譯『文殊支利普超三昧經』。

除上述者外，現在都沒有留存，但稱作『阿闍世王經』者似乎還有若干種。依照『開元錄』十四記述，尚有以下三本，但都失存了。那就是：

西晉安法欽譯『阿闍世王經』（光熙元年A.D.三〇六）。

西晉法護譯『更出阿闍世經』（泰始二年——建興元年A.D.二六六-三一三）。

鳩摩羅什譯『阿闍世經』（建元二年——義熙九年A.D.三四四-四一三）。

又依據『出三藏記集』第三記述，支婁迦讖尚有下列一本翻譯。那就是『阿闍世王問五逆經』。

五、本經重要名詞解說

1. **惡道** 做壞事後陷入苦惱世界。如惡趣、地獄。「三惡道」是指地獄、餓鬼和畜生。
2. **阿闍世** 是Ajātaśatru字的音譯。摩伽陀國的國王。殺了父王、自己繼承王位。
3. **阿僧衹** 是asamkhya字的音譯。意譯是「無敵」。
4. **阿難** 佛陀的十大弟子之一。聽過最多佛的教法。
5. **阿耨達龍王** 住在阿耨達池的龍王。本來是一條惡龍，後來皈依佛陀。
6. **阿羅漢（羅漢）、辟支佛** 小乘佛教徒理想的聖者，只求自己開始，而不理會別人懂不懂佛法。
7. **一切知** 通曉萬物的智慧，或擁有這種智慧的人。佛被稱為一切知者。
8. **惟務禪** 七覺支之一，也叫惟定覺意。
9. **淫慾、憤怒、無知** 人生的三種基本煩惱—貪、瞋、痴。
10. **優婆塞、優婆夷** 在家男信徒與在家女信徒。
11. **漚和拘舍羅（教）** 是upāya-kauśalya的音譯。意指「善巧方便」。為了引導世人，而採用巧妙手段。

12. **迦羅蜜** 是kalyānamitra字的音譯。意譯為「善友」「善知識」。

13. **功德** 善行結果所生的幸福形成力量。福德。

14. **耆闍崛** 王舍城郊外的一座山陵。又譯作靈鷲山。

15. **月氏** 伊朗系的遊牧民族。在西元一世紀～三世紀左右，曾經控制印度的西北部。

16. **化佛** 由某位超能力者，造出一位假佛。

17. **眼耳鼻舌身意（舌＝口）** 六個感覺器官。六根。

18. **那由他** 數的單位。

19. **拘耆樹** 是kovidāra，學名Banhinia variegata。被看作天界的樹木。

20. **恆河沙** 恆河的河床沙石。有「無數」的意思，譬喻的說明。

21. **劫** 龐大或漫長的時間單位。有幾千億光年的計量單位。

22. **劫火** 劫末發生的猛火，足以燒毀宇宙。

23. **五惡世** 伴隨以下五種惡相（濁）的世間：劫濁（發生戰爭或飢饉等天災）、煩惱濁（瞋怒和慾望等煩惱，到處瀰漫）、衆生濁（人的品質下降）、見濁（邪惡思想氾濫）、命濁（壽命縮短到十歲）。五濁惡世。

24. **五戒** 在家信徒遵守的五條戒律。即不殺生、不偷竊、不邪淫、不撒謊、不飲酒。

25. **五逆罪** 五項大罪。即殺母親、殺父親、殺阿羅漢、擾亂僧團、傷害佛身。

26. **五眼** 肉眼（人眼）、天眼（神眼）、慧眼（聲聞、辟支佛的眼）、法眼（菩薩眼）、佛眼（佛的眼）。

27. **五道** 生靈輪迴的五個世界。即地獄、畜生、餓鬼、人間、天界。又叫五起。若加上阿修羅，便成六道。

28. **五要素（五陰）** 組成人的五項要素。色、受、想、行、識（即是物質、感覺、想念、意欲、判斷）。

29. **金剛** 無比強壯的武器。例如，金剛杵。

30. **三界** 由三個投胎轉世的舞台所造成的世界。即慾界（慾望與物質的世界）、色界（只有物質的世界）、無色界（既無慾望，也無物質的世界）。

31. **三解脫門** 為了得到解脫的三種手段。空門（把一切看成空）、無相門（對任何事物不想念），無願門（對任何事物不期待）。

32. **三十三天** 神的世界之一，有三十三種神在，以帝釋天為首領。也叫忉利天。

33. **三十七品（根本）** 為了得悟而必須有三十七種修行。如四念處、八正道等。

34. **三藏**　通曉經藏、律藏和論藏的學僧稱號。

35. **三念住**　面對聽衆所應有的三種態度。⑴、以平靜心對待滿懷尊敬意念的聽衆。⑵、以平靜心對待不懷尊敬意念的聽衆。⑶、以平等心對待懷有尊敬意念的聽衆，和毫無尊敬意念的聽衆。

36. **三寶**　成立佛教的三大要素——佛、法、僧。

37. **三昧**——為了開悟而聚精會神，本來是Samādhi字的音譯。意譯為「定」。

38. **色聲香味觸法（觸＝細滑）**　六種感覺對象。六境。

39. **寶體（自然）**　事物具足固有不變的存在。

40. **四元素（四大）**　組成物質的四項要素。地、水、火、風。

41. **四事**　catvāri-saṃgraha-vastūni向衆生說法時，為了激勵衆生而採取四種行為。布施攝（布施財與法）、愛語攝（用充滿愛情的語言說法）、利行攝（滿足衆生的需要而做）和同事攝，這又叫四攝法，或四事攝法。

42. **四等心**　catvāry-apramāṇāni為了芸芸衆生而進行四項無限量的實踐。慈無量（想讓衆生快樂）、悲無量（想除掉衆生的苦惱）、喜無量（讓衆生平安喜悅）、捨無量（不分敵友，以平常心對待衆生）。又稱四無量，或四無量心。

43.四無所畏 說法時要有四種自信。即是正等覺無畏、漏永盡無畏、說障法無畏、說出道無畏。

44.四念處 catvāri-smṛty-upasthānāni為了開悟而觀想四個項目。身念處（觀想身體不淨）、受念處（觀想一切感覺伴隨著苦）、心念處（觀想沒有永遠的心）、法念處（觀想任何存在均無實體性）。否認世間「淨樂常我」的一般見解。也叫做四念住。

45.七寶 七種貴重的寶石類。

46.沙呵 是sahā與sabhā的音譯。我們居住的世界。充滿苦惱但又必須忍耐的世界。娑婆世界。意譯為「忍土」。

47.舍利 是śarira字的音譯。遺骨或骨灰。

48.舍利弗 佛陀的十大弟子之一，又稱「智慧第一」。

49.須陀洹道 修行四階段的初段，小乘佛教所提倡。

50.須菩提 佛陀的十大弟子之一，又稱「解行第一」。

51.須彌山 佛教談宇宙觀時，以它為宇宙中心的高山。

52.上人 德高望重的僧人。

53.十八法 只有佛才具足的十八項德目。即是十八不共法。十力（十種力）、四無所畏、三念住和大悲等合計十八種。

54. **十種力**　佛具有十種智力。⑴是分辨道理與非理的能力。⑵是能知過去、現在和未來有關業的因果能力……等。

55. **支婁迦讖**　月氏國出身的佛教徒，二世紀末來到中國翻譯佛經。

56. **身口意**　人的行為要從身體、言語和心態等三個次元來考量。

57. **神通力**　修行帶來的一種超能力。

58. **神足**　用超速力行走或飛行的能力。六神通之一。

59. **僧那**　用披鎧甲（僧那）譬喻一個人以堅強的意志來實踐自己的決心。「僧那」（saṃnāha）也譯成「弘誓」。「摩訶僧那僧涅陀」一詞是mahāsaṃnāha-saṃnaddha字的音譯。指「穿上大鎧甲」的意思。

60. **大目犍連**　佛的十大弟子之一，稱為神通第一。

61. **陀羅尼（陀隣尼）**　是dhāraṇi的意譯。意譯為「總持」，爲了方便記憶，特地把重要教義縮短的話。

62. **遮迦和山**　在佛教的宇宙觀裡，指圍繞世界周邊的山脈。山脈的外側是黑暗的。

63. **轉輪聖王**　用正義與慈悲統治世界的理想國王。

64. **忉利天**　三十三天。

65. **兜率天**　天界之一。彌勒菩薩目前住在那裡等待五十六億七千萬年後，下凡到世間成佛、救渡衆生。

66. **八事（世俗八件事）**　俗世有八種成問題的事。(1)是利益；(2)是損失；(3)是名譽；(4)是不名譽；(5)是誹謗；(6)是稱讚；(7)是幸福；(8)是不幸。即是世間八法。

67. **八種味**　好水具足八種性質。例如甜味、淸爽、不會引發腹痛。具備這些味道的水叫做八功德水。

68. **八正道**　為了開悟必須實踐八種項目。正見、正思惟、正精進……等。

69. **槃涅槃**　是 parinirvāṇa 字的音譯。完全的涅槃。也意味覺悟者的死。

70. **比丘、比丘尼**　出家男性與出家女性。

71. **不退轉**　不從開悟與決心下退怯。

72. **佛舍利**　佛的骨灰。

73. **法身**　眞理角色的佛，另外有化身佛（表現人身的佛）、報身佛（超人性，但具有人格的佛）。

74. **法輪**　以轉動車子來譬喻教法的擴展情形。

75. **菩薩藏** 聚集菩薩教法的東西。針對傳統性的「三藏」，後代生起的觀念。

76. **菩提樹** 佛在樹蔭下瞑想開悟（菩提），當時所用的樹木。

77. **摩訶衍** 是 mahāyāna 字的音譯。意譯為大乘。即大乘佛教也。

78. **摩訶若那** 是 mahājñā 字的音譯。指大智慧的意思。

79. **摩尼寶珠** 是 maṇi 字的音譯。寶珠的意思。

80. **摩納** 是 mānava 字的音譯。年輕人或青年的意思。

81. **曼陀羅華** 是 mandāra 字的音譯。葉子堅挺，樹枝上生長很多紅花。學名 Erythrina indica 被看作天界的花。

82. **彌勒** 這位菩薩將會繼承釋迦牟尼的足跡成佛，到世間救渡衆生。

83. **無所畏** 不恐怖、不惶恐。

84. **無生法忍** 即無所從生法。確認佛教「不生事物」的真理。「忍」跟「認」字相通。

85. **文殊師利** 以智慧著稱，在經典裡經常現身出來講述般若思想。

86. **八個惡所（八惡）** 八難。八個妨礙開悟的環境。(1)地獄；(2)畜生；(3)餓鬼；(4)長壽天（因為環境太舒適，反而不起悟心）；(5)邊地（北方的樂土，仍然太過舒適）；(6)盲聾狀態；(7)小聰明，易入邪道的狀態；(8)佛出現以前與以後。

87. **入夜第一階段（被夜）** 衆比丘把夜分成三段（初夜、中夜、後夜），每一階段有不同的修行。

88. **羅閱祇** 摩伽陀國的首都，通常譯作王舍城。

89. **六神通** ṣaḍ-abhijñā 六種超能力。神足通（空中飛行或改變環境）；天眼通（能看見遠方的事物）；天耳通（能聽見遠方的事物）；他心通（知道他人的心）；宿命通（知道前世的事）；漏盡通（讓煩惱消滅）。

90. **六種震動** 伴隨神聖狀況而產生六種震動。⑴東邊突起、西邊沈下；⑵西邊突起、東邊沈下；⑶南邊突起；北邊沈下；⑷北邊突起、南邊沈下；⑸中央突起、周邊沈下；⑹周邊突起、中央沈下。

91. **六種知覺對象（六衰）** 以知覺及快樂為對象的色聲香味觸法。這些感覺對象（六境）是能被污染的東西，故叫「六塵」。它能削弱世人的德行，故稱它「六衰」。

92. **六波羅蜜** 大乘佛教的六種實踐項目是布施、持戒、忍辱、精進、禪定、智慧。

大展出版社有限公司 圖書目錄

地址：台北市北投區11204
致遠一路二段12巷1號
郵撥： 0166955～1

電話：(02) 8236031
8236033
傳眞：(02) 8272069

・法律專欄連載・電腦編號 58

台大法學院 法律學系／策劃
法律服務社／編著

①別讓您的權利睡著了[1]	200元
②別讓您的權利睡著了[2]	200元

・秘傳占卜系列・電腦編號 14

①手相術	淺野八郎著	150元
②人相術	淺野八郎著	150元
③西洋占星術	淺野八郎著	150元
④中國神奇占卜	淺野八郎著	150元
⑤夢判斷	淺野八郎著	150元
⑥前世、來世占卜	淺野八郎著	150元
⑦法國式血型學	淺野八郎著	150元
⑧靈感、符咒學	淺野八郎著	150元
⑨紙牌占卜學	淺野八郎著	150元
⑩ＥＳＰ超能力占卜	淺野八郎著	150元
⑪猶太數的秘術	淺野八郎著	150元
⑫新心理測驗	淺野八郎著	160元

・趣味心理講座・電腦編號 15

①性格測驗１	探索男與女	淺野八郎著	140元
②性格測驗２	透視人心奧秘	淺野八郎著	140元
③性格測驗３	發現陌生的自己	淺野八郎著	140元
④性格測驗４	發現你的真面目	淺野八郎著	140元
⑤性格測驗５	讓你們吃驚	淺野八郎著	140元
⑥性格測驗６	洞穿心理盲點	淺野八郎著	140元
⑦性格測驗７	探索對方心理	淺野八郎著	140元
⑧性格測驗８	由吃認識自己	淺野八郎著	140元
⑨性格測驗９	戀愛知多少	淺野八郎著	140元

⑩性格測驗10	由裝扮瞭解人心	淺野八郎著	140元
⑪性格測驗11	敲開內心玄機	淺野八郎著	140元
⑫性格測驗12	透視你的未來	淺野八郎著	140元
⑬血型與你的一生		淺野八郎著	160元
⑭趣味推理遊戲		淺野八郎著	160元
⑮行爲語言解析		淺野八郎著	160元

・婦 幼 天 地・電腦編號 16

①八萬人減肥成果	黃靜香譯	180元
②三分鐘減肥體操	楊鴻儒譯	150元
③窈窕淑女美髮秘訣	柯素娥譯	130元
④使妳更迷人	成 玉譯	130元
⑤女性的更年期	官舒妍編譯	160元
⑥胎內育兒法	李玉瓊編譯	150元
⑦早產兒袋鼠式護理	唐岱蘭譯	200元
⑧初次懷孕與生產	婦幼天地編譯組	180元
⑨初次育兒12個月	婦幼天地編譯組	180元
⑩斷乳食與幼兒食	婦幼天地編譯組	180元
⑪培養幼兒能力與性向	婦幼天地編譯組	180元
⑫培養幼兒創造力的玩具與遊戲	婦幼天地編譯組	180元
⑬幼兒的症狀與疾病	婦幼天地編譯組	180元
⑭腿部苗條健美法	婦幼天地編譯組	150元
⑮女性腰痛別忽視	婦幼天地編譯組	150元
⑯舒展身心體操術	李玉瓊編譯	130元
⑰三分鐘臉部體操	趙薇妮著	160元
⑱生動的笑容表情術	趙薇妮著	160元
⑲心曠神怡減肥法	川津祐介著	130元
⑳內衣使妳更美麗	陳玄茹譯	130元
㉑瑜伽美姿美容	黃靜香編著	150元
㉒高雅女性裝扮學	陳珮玲譯	180元
㉓蠶糞肌膚美顏法	坂梨秀子著	160元
㉔認識妳的身體	李玉瓊譯	160元
㉕產後恢復苗條體態	居理安・芙萊喬著	200元
㉖正確護髮美容法	山崎伊久江著	180元
㉗安琪拉美姿養生學	安琪拉蘭斯博瑞著	180元
㉘女體性醫學剖析	增田豐著	220元
㉙懷孕與生產剖析	岡部綾子著	180元
㉚斷奶後的健康育兒	東城百合子著	220元
㉛引出孩子幹勁的責罵藝術	多湖輝著	170元
㉜培養孩子獨立的藝術	多湖輝著	170元

㉝子宮肌瘤與卵巢囊腫	陳秀琳編著	180元
㉞下半身減肥法	納他夏・史達賓著	180元
㉟女性自然美容法	吳雅菁編著	180元

・青 春 天 地・電腦編號 17

①A血型與星座	柯素娥編譯	120元
②B血型與星座	柯素娥編譯	120元
③O血型與星座	柯素娥編譯	120元
④AB血型與星座	柯素娥編譯	120元
⑤青春期性教室	呂貴嵐編譯	130元
⑥事半功倍讀書法	王毅希編譯	150元
⑦難解數學破題	宋釗宜編譯	130元
⑧速算解題技巧	宋釗宜編譯	130元
⑨小論文寫作秘訣	林顯茂編譯	120元
⑪中學生野外遊戲	熊谷康編著	120元
⑫恐怖極短篇	柯素娥編譯	130元
⑬恐怖夜話	小毛驢編譯	130元
⑭恐怖幽默短篇	小毛驢編譯	120元
⑮黑色幽默短篇	小毛驢編譯	120元
⑯靈異怪談	小毛驢編譯	130元
⑰錯覺遊戲	小毛驢編譯	130元
⑱整人遊戲	小毛驢編著	150元
⑲有趣的超常識	柯素娥編譯	130元
⑳哦！原來如此	林慶旺編譯	130元
㉑趣味競賽100種	劉名揚編譯	120元
㉒數學謎題入門	宋釗宜編譯	150元
㉓數學謎題解析	宋釗宜編譯	150元
㉔透視男女心理	林慶旺編譯	120元
㉕少女情懷的自白	李桂蘭編譯	120元
㉖由兄弟姊妹看命運	李玉瓊編譯	130元
㉗趣味的科學魔術	林慶旺編譯	150元
㉘趣味的心理實驗室	李燕玲編譯	150元
㉙愛與性心理測驗	小毛驢編譯	130元
㉚刑案推理解謎	小毛驢編譯	130元
㉛偵探常識推理	小毛驢編譯	130元
㉜偵探常識解謎	小毛驢編譯	130元
㉝偵探推理遊戲	小毛驢編譯	130元
㉞趣味的超魔術	廖玉山編著	150元
㉟趣味的珍奇發明	柯素娥編著	150元
㊱登山用具與技巧	陳瑞菊編著	150元

・健 康 天 地・電腦編號 18

①壓力的預防與治療	柯素娥編譯	130元
②超科學氣的魔力	柯素娥編譯	130元
③尿療法治病的神奇	中尾良一著	130元
④鐵證如山的尿療法奇蹟	廖玉山譯	120元
⑤一日斷食健康法	葉慈容編譯	150元
⑥胃部強健法	陳炳崑譯	120元
⑦癌症早期檢查法	廖松濤譯	160元
⑧老人痴呆症防止法	柯素娥編譯	130元
⑨松葉汁健康飲料	陳麗芬編譯	130元
⑩揉肚臍健康法	永井秋夫著	150元
⑪過勞死、猝死的預防	卓秀貞編譯	130元
⑫高血壓治療與飲食	藤山順豐著	150元
⑬老人看護指南	柯素娥編譯	150元
⑭美容外科淺談	楊啟宏著	150元
⑮美容外科新境界	楊啟宏著	150元
⑯鹽是天然的醫生	西英司郎著	140元
⑰年輕十歲不是夢	梁瑞麟譯	200元
⑱茶料理治百病	桑野和民著	180元
⑲綠茶治病寶典	桑野和民著	150元
⑳杜仲茶養顏減肥法	西田博著	150元
㉑蜂膠驚人療效	瀨長良三郎著	150元
㉒蜂膠治百病	瀨長良三郎著	180元
㉓醫藥與生活	鄭炳全著	180元
㉔鈣長生寶典	落合敏著	180元
㉕大蒜長生寶典	木下繁太郎著	160元
㉖居家自我健康檢查	石川恭三著	160元
㉗永恒的健康人生	李秀鈴譯	200元
㉘大豆卵磷脂長生寶典	劉雪卿譯	150元
㉙芳香療法	梁艾琳譯	160元
㉚醋長生寶典	柯素娥譯	180元
㉛從星座透視健康	席拉・吉蒂斯著	180元
㉜愉悅自在保健學	野本二士夫著	160元
㉝裸睡健康法	丸山淳士等著	160元
㉞糖尿病預防與治療	藤田順豐著	180元
㉟維他命長生寶典	菅原明子著	180元
㊱維他命C新效果	鐘文訓編	150元
㊲手、腳病理按摩	堤芳郎著	160元
㊳AIDS瞭解與預防	彼得塔歌爾著	180元

㊴甲殼質殼聚糖健康法	沈永嘉譯	160元
㊵神經痛預防與治療	木下眞男著	160元
㊶室內身體鍛鍊法	陳炳崑編著	160元
㊷吃出健康藥膳	劉大器編著	180元
㊸自我指壓術	蘇燕謀編著	160元
㊹紅蘿蔔汁斷食療法	李玉瓊編著	150元
㊺洗心術健康秘法	竺翠萍編譯	170元
㊻枇杷葉健康療法	柯素娥編譯	180元
㊼抗衰血癒	楊啟宏著	180元
㊽與癌搏鬥記	逸見政孝著	180元
㊾冬蟲夏草長生寶典	高橋義博著	170元
㊿痔瘡・大腸疾病先端療法	宮島伸宜著	180元
51膠布治癒頑固慢性病	加瀨建造著	180元
52芝麻神奇健康法	小林貞作著	170元
53香煙能防止癡呆？	高田明和著	180元
54穀菜食治癌療法	佐藤成志著	180元

•實用女性學講座• 電腦編號 19

①解讀女性內心世界	島田一男著	150元
②塑造成熟的女性	島田一男著	150元
③女性整體裝扮學	黃靜香編著	180元
④女性應對禮儀	黃靜香編著	180元

•校 園 系 列• 電腦編號 20

①讀書集中術	多湖輝著	150元
②應考的訣竅	多湖輝著	150元
③輕鬆讀書贏得聯考	多湖輝著	150元
④讀書記憶秘訣	多湖輝著	150元
⑤視力恢復！超速讀術	江錦雲譯	180元
⑥讀書36計	黃柏松編著	180元
⑦驚人的速讀術	鐘文訓編著	170元

•實用心理學講座• 電腦編號 21

①拆穿欺騙伎倆	多湖輝著	140元
②創造好構想	多湖輝著	140元
③面對面心理術	多湖輝著	160元
④偽裝心理術	多湖輝著	140元
⑤透視人性弱點	多湖輝著	140元

⑥自我表現術	多湖輝著	150元
⑦不可思議的人性心理	多湖輝著	150元
⑧催眠術入門	多湖輝著	150元
⑨責罵部屬的藝術	多湖輝著	150元
⑩精神力	多湖輝著	150元
⑪厚黑說服術	多湖輝著	150元
⑫集中力	多湖輝著	150元
⑬構想力	多湖輝著	150元
⑭深層心理術	多湖輝著	160元
⑮深層語言術	多湖輝著	160元
⑯深層說服術	多湖輝著	180元
⑰掌握潛在心理	多湖輝著	160元
⑱洞悉心理陷阱	多湖輝著	180元
⑲解讀金錢心理	多湖輝著	180元
⑳拆穿語言圈套	多湖輝著	180元
㉑語言的心理戰	多湖輝著	180元

•超現實心理講座•電腦編號22

①超意識覺醒法	詹蔚芬編譯	130元
②護摩秘法與人生	劉名揚編譯	130元
③秘法！超級仙術入門	陸　明譯	150元
④給地球人的訊息	柯素娥編著	150元
⑤密教的神通力	劉名揚編著	130元
⑥神秘奇妙的世界	平川陽一著	180元
⑦地球文明的超革命	吳秋嬌譯	200元
⑧力量石的秘密	吳秋嬌譯	180元
⑨超能力的靈異世界	馬小莉譯	200元
⑩逃離地球毀滅的命運	吳秋嬌譯	200元
⑪宇宙與地球終結之謎	南山宏著	200元
⑫驚世奇功揭秘	傅起鳳著	200元
⑬啟發身心潛力心象訓練法	栗田昌裕著	180元
⑭仙道術遁甲法	高藤聰一郎著	220元
⑮神通力的秘密	中岡俊哉著	180元

•養 生 保 健•電腦編號23

①醫療養生氣功	黃孝寬著	250元
②中國氣功圖譜	余功保著	230元
③少林醫療氣功精粹	井玉蘭著	250元
④龍形實用氣功	吳大才等著	220元

⑤魚戲增視強身氣功	宮　嬰著	220元
⑥嚴新氣功	前新培金著	250元
⑦道家玄牝氣功	張　章著	200元
⑧仙家秘傳袪病功	李遠國著	160元
⑨少林十大健身功	秦慶豐著	180元
⑩中國自控氣功	張明武著	250元
⑪醫療防癌氣功	黃孝寬著	250元
⑫醫療強身氣功	黃孝寬著	250元
⑬醫療點穴氣功	黃孝寬著	250元
⑭中國八卦如意功	趙維漢著	180元
⑮正宗馬禮堂養氣功	馬禮堂著	420元
⑯秘傳道家筋經內丹功	王慶餘著	280元
⑰三元開慧功	辛桂林著	250元
⑱防癌治癌新氣功	郭　林著	180元
⑲禪定與佛家氣功修煉	劉天君著	200元
⑳顛倒之術	梅自強著	元
㉑簡明氣功辭典	吳家駿編	元

•社會人智囊•電腦編號 24

①糾紛談判術	清水增三著	160元
②創造關鍵術	淺野八郎著	150元
③觀人術	淺野八郎著	180元
④應急詭辯術	廖英迪編著	160元
⑤天才家學習術	木原武一著	160元
⑥猫型狗式鑑人術	淺野八郎著	180元
⑦逆轉運掌握術	淺野八郎著	180元
⑧人際圓融術	澀谷昌三著	160元
⑨解讀人心術	淺野八郎著	180元
⑩與上司水乳交融術	秋元隆司著	180元
⑪男女心態定律	小田晉著	180元
⑫幽默說話術	林振輝編著	200元
⑬人能信賴幾分	淺野八郎著	180元
⑭我一定能成功	李玉瓊譯	元
⑮獻給青年的嘉言	陳蒼杰譯	元
⑯知人、知面、知其心	林振輝編著	元

•精 選 系 列•電腦編號 25

①毛澤東與鄧小平	渡邊利夫等著	280元
②中國大崩裂	江戶介雄著	180元

③台灣・亞洲奇蹟	上村幸治著	220元
④7-ELEVEN高盈收策略	國友隆一著	180元
⑤台灣獨立	森　詠著	200元
⑥迷失中國的末路	江戶雄介著	220元
⑦2000年5月全世界毀滅	紫藤甲子男著	180元

・運 動 遊 戲・電腦編號 26

①雙人運動	李玉瓊譯	160元
②愉快的跳繩運動	廖玉山譯	180元
③運動會項目精選	王佑京譯	150元
④肋木運動	廖玉山譯	150元
⑤測力運動	王佑宗譯	150元

・銀髮族智慧學・電腦編號 28

①銀髮六十樂逍遙	多湖輝著	170元
②人生六十反年輕	多湖輝著	170元
③六十歲的決斷	多湖輝著	170元

・心 靈 雅 集・電腦編號 00

①禪言佛語看人生	松濤弘道著	180元
②禪密教的奧秘	葉逯謙譯	120元
③觀音大法力	田口日勝著	120元
④觀音法力的大功德	田口日勝著	120元
⑤達摩禪106智慧	劉華亭編譯	150元
⑥有趣的佛教研究	葉逯謙編譯	120元
⑦夢的開運法	蕭京凌譯	130元
⑧禪學智慧	柯素娥編譯	130元
⑨女性佛教入門	許俐萍譯	110元
⑩佛像小百科	心靈雅集編譯組	130元
⑪佛教小百科趣談	心靈雅集編譯組	120元
⑫佛教小百科漫談	心靈雅集編譯組	150元
⑬佛教知識小百科	心靈雅集編譯組	150元
⑭佛學名言智慧	松濤弘道著	220元
⑮釋迦名言智慧	松濤弘道著	220元
⑯活人禪	平田精耕著	120元
⑰坐禪入門	柯素娥編譯	150元
⑱現代禪悟	柯素娥編譯	130元
⑲道元禪師語錄	心靈雅集編譯組	130元

⑳佛學經典指南	心靈雅集編譯組	130元
㉑何謂「生」　阿含經	心靈雅集編譯組	150元
㉒一切皆空　般若心經	心靈雅集編譯組	150元
㉓超越迷惘　法句經	心靈雅集編譯組	130元
㉔開拓宇宙觀　華嚴經	心靈雅集編譯組	130元
㉕真實之道　法華經	心靈雅集編譯組	130元
㉖自由自在　涅槃經	心靈雅集編譯組	130元
㉗沈默的教示　維摩經	心靈雅集編譯組	150元
㉘開通心眼　佛語佛戒	心靈雅集編譯組	130元
㉙揭秘寶庫　密教經典	心靈雅集編譯組	130元
㉚坐禪與養生	廖松濤譯	110元
㉛釋尊十戒	柯素娥編譯	120元
㉜佛法與神通	劉欣如編著	120元
㉝悟（正法眼藏的世界）	柯素娥編譯	120元
㉞只管打坐	劉欣如編著	120元
㉟喬答摩・佛陀傳	劉欣如編著	120元
㊱唐玄奘留學記	劉欣如編著	120元
㊲佛教的人生觀	劉欣如編譯	110元
㊳無門關（上卷）	心靈雅集編譯組	150元
㊴無門關（下卷）	心靈雅集編譯組	150元
㊵業的思想	劉欣如編著	130元
㊶佛法難學嗎	劉欣如著	140元
㊷佛法實用嗎	劉欣如著	140元
㊸佛法殊勝嗎	劉欣如著	140元
㊹因果報應法則	李常傳編	140元
㊺佛教醫學的奧秘	劉欣如編著	150元
㊻紅塵絕唱	海　若著	130元
㊼佛教生活風情	洪丕謨、姜玉珍著	220元
㊽行住坐臥有佛法	劉欣如著	160元
㊾起心動念是佛法	劉欣如著	160元
㊿四字禪語	曹洞宗青年會	200元
(51)妙法蓮華經	劉欣如編著	160元
(52)根本佛教與大乘佛教	葉作森編	180元

•經 營 管 理• 電腦編號 01

◎創新經營管理六十六大計（精）	蔡弘文編	780元
①如何獲取生意情報	蘇燕謀譯	110元
②經濟常識問答	蘇燕謀譯	130元
④台灣商戰風雲錄	陳中雄著	120元
⑤推銷大王秘錄	原一平著	180元

⑥新創意・賺大錢	王家成譯	90元
⑦工廠管理新手法	琪　輝著	120元
⑨經營參謀	柯順隆譯	120元
⑩美國實業24小時	柯順隆譯	80元
⑪撼動人心的推銷法	原一平著	150元
⑫高竿經營法	蔡弘文編	120元
⑬如何掌握顧客	柯順隆譯	150元
⑭一等一賺錢策略	蔡弘文編	120元
⑯成功經營妙方	鐘文訓著	120元
⑰一流的管理	蔡弘文編	150元
⑱外國人看中韓經濟	劉華亭譯	150元
⑳突破商場人際學	林振輝編著	90元
㉑無中生有術	琪輝編著	140元
㉒如何使女人打開錢包	林振輝編著	100元
㉓操縱上司術	邑井操著	90元
㉔小公司經營策略	王嘉誠著	160元
㉕成功的會議技巧	鐘文訓編譯	100元
㉖新時代老闆學	黃柏松編著	100元
㉗如何創造商場智囊團	林振輝編譯	150元
㉘十分鐘推銷術	林振輝編譯	180元
㉙五分鐘育才	黃柏松編譯	100元
㉚成功商場戰術	陸明編譯	100元
㉛商場談話技巧	劉華亭編譯	120元
㉜企業帝王學	鐘文訓譯	90元
㉝自我經濟學	廖松濤編譯	100元
㉞一流的經營	陶田生編著	120元
㉟女性職員管理術	王昭國編譯	120元
㊱ＩＢＭ的人事管理	鐘文訓編譯	150元
㊲現代電腦常識	王昭國編譯	150元
㊳電腦管理的危機	鐘文訓編譯	120元
㊴如何發揮廣告效果	王昭國編譯	150元
㊵最新管理技巧	王昭國編譯	150元
㊶一流推銷術	廖松濤編譯	150元
㊷包裝與促銷技巧	王昭國編譯	130元
㊸企業王國指揮塔	松下幸之助著	120元
㊹企業精鋭兵團	松下幸之助著	120元
㊺企業人事管理	松下幸之助著	100元
㊻華僑經商致富術	廖松濤編譯	130元
㊼豐田式銷售技巧	廖松濤編譯	180元
㊽如何掌握銷售技巧	王昭國編著	130元
㊿洞燭機先的經營	鐘文訓編譯	150元

㊿新世紀的服務業	鐘文訓編譯	100元
㊿成功的領導者	廖松濤編譯	120元
㊿女推銷員成功術	李玉瓊編譯	130元
㊿ＩＢＭ人才培育術	鐘文訓編譯	100元
㊿企業人自我突破法	黃琪輝編著	150元
㊿財富開發術	蔡弘文編著	130元
㊿成功的店舖設計	鐘文訓編著	150元
61企管回春法	蔡弘文編著	130元
62小企業經營指南	鐘文訓編譯	100元
63商場致勝名言	鐘文訓編譯	150元
64迎接商業新時代	廖松濤編譯	100元
66新手股票投資入門	何朝乾　編	180元
67上揚股與下跌股	何朝乾編譯	180元
68股票速成學	何朝乾編譯	200元
69理財與股票投資策略	黃俊豪編著	180元
70黃金投資策略	黃俊豪編著	180元
71厚黑管理學	廖松濤編譯	180元
72股市致勝格言	呂梅莎編譯	180元
73透視西武集團	林谷燁編譯	150元
76巡迴行銷術	陳蒼杰譯	150元
77推銷的魔術	王嘉誠譯	120元
7860秒指導部屬	周蓮芬編譯	150元
79精銳女推銷員特訓	李玉瓊編譯	130元
80企劃、提案、報告圖表的技巧	鄭　汶　譯	180元
81海外不動產投資	許達守編譯	150元
82八百件的世界策略	李玉瓊譯	150元
83服務業品質管理	吳宜芬譯	180元
84零庫存銷售	黃東謙編譯	150元
85三分鐘推銷管理	劉名揚編譯	150元
86推銷大王奮鬥史	原一平著	150元
87豐田汽車的生產管理	林谷燁編譯	150元

・成功寶庫・電腦編號 02

①上班族交際術	江森滋著	100元
②拍馬屁訣竅	廖玉山編譯	110元
④聽話的藝術	歐陽輝編譯	110元
⑨求職轉業成功術	陳　義編著	110元
⑩上班族禮儀	廖玉山編著	120元
⑪接近心理學	李玉瓊編著	100元
⑫創造自信的新人生	廖松濤編著	120元

⑭上班族如何出人頭地	廖松濤編著	100元
⑮神奇瞬間瞑想法	廖松濤編譯	100元
⑯人生成功之鑰	楊意苓編著	150元
⑲給企業人的諍言	鐘文訓編著	120元
⑳企業家自律訓練法	陳　義編譯	100元
㉑上班族妖怪學	廖松濤編著	100元
㉒猶太人縱橫世界的奇蹟	孟佑政編著	110元
㉓訪問推銷術	黃静香編著	130元
㉕你是上班族中強者	嚴思圖編著	100元
㉖向失敗挑戰	黃静香編著	100元
㉙機智應對術	李玉瓊編著	130元
㉚成功頓悟100則	蕭京凌編譯	130元
㉛掌握好運100則	蕭京凌編譯	110元
㉜知性幽默	李玉瓊編譯	130元
㉝熟記對方絕招	黃静香編譯	100元
㉞男性成功秘訣	陳蒼杰編譯	130元
㊱業務員成功秘方	李玉瓊編著	120元
㊲察言觀色的技巧	劉華亭編著	130元
㊳一流領導力	施義彥編譯	120元
㊴一流說服力	李玉瓊編著	130元
㊵30秒鐘推銷術	廖松濤編譯	150元
㊶猶太成功商法	周蓮芬編譯	120元
㊷尖端時代行銷策略	陳蒼杰編著	100元
㊸顧客管理學	廖松濤編著	100元
㊹如何使對方說Yes	程　羲編著	150元
㊺如何提高工作效率	劉華亭編著	150元
㊼上班族口才學	楊鴻儒譯	120元
㊽上班族新鮮人須知	程　羲編著	120元
㊾如何左右逢源	程　羲編著	130元
㊿語言的心理戰	多湖輝著	130元
51扣人心弦演說術	劉名揚編著	120元
53如何增進記憶力、集中力	廖松濤譯	130元
55性惡企業管理學	陳蒼杰譯	130元
56自我啟發200招	楊鴻儒編著	150元
57做個傑出女職員	劉名揚編著	130元
58靈活的集團營運術	楊鴻儒編著	120元
60個案研究活用法	楊鴻儒編著	130元
61企業教育訓練遊戲	楊鴻儒編著	120元
62管理者的智慧	程　羲編譯	130元
63做個佼佼管理者	馬筱莉編譯	130元
64智慧型說話技巧	沈永嘉編譯	130元

⑯活用佛學於經營	松濤弘道著	150元
⑰活用禪學於企業	柯素娥編譯	130元
⑱詭辯的智慧	沈永嘉編譯	150元
⑲幽默詭辯術	廖玉山編譯	150元
⑳拿破崙智慧箴言	柯素娥編譯	130元
㉑自我培育・超越	蕭京凌編譯	150元
㉔時間即一切	沈永嘉編譯	130元
㉕自我脫胎換骨	柯素娥譯	150元
㉖贏在起跑點—人才培育鐵則	楊鴻儒編譯	150元
㉗做一枚活棋	李玉瓊編譯	130元
㉘面試成功戰略	柯素娥編譯	130元
㉙自我介紹與社交禮儀	柯素娥編譯	150元
㉚說NO的技巧	廖玉山編譯	130元
㉛瞬間攻破心防法	廖玉山編譯	120元
㉜改變一生的名言	李玉瓊編譯	130元
㉝性格性向創前程	楊鴻儒編譯	130元
㉞訪問行銷新竅門	廖玉山編譯	150元
㉟無所不達的推銷話術	李玉瓊編譯	150元

・處世智慧・電腦編號 03

①如何改變你自己	陸明編譯	120元
④幽默說話術	林振輝編譯	120元
⑤讀書36計	黃柏松編譯	120元
⑥靈感成功術	譚繼山編譯	80元
⑧扭轉一生的五分鐘	黃柏松編譯	100元
⑨知人、知面、知其心	林振輝譯	110元
⑩現代人的詭計	林振輝譯	100元
⑫如何利用你的時間	蘇遠謀譯	80元
⑬口才必勝術	黃柏松編譯	120元
⑭女性的智慧	譚繼山編譯	90元
⑮如何突破孤獨	張文志編譯	80元
⑯人生的體驗	陸明編譯	80元
⑰微笑社交術	張芳明譯	90元
⑱幽默吹牛術	金子登著	90元
⑲攻心說服術	多湖輝著	100元
⑳當機立斷	陸明編譯	70元
㉑勝利者的戰略	宋恩臨編譯	80元
㉒如何交朋友	安紀芳編著	70元
㉓鬥智奇謀（諸葛孔明兵法）	陳炳崑著	70元
㉔慧心良言	亦　奇著	80元

㉕名家慧語	蔡逸鴻主編	90元
㉗稱霸者啟示金言	黃柏松編譯	90元
㉘如何發揮你的潛能	陸明編譯	90元
㉙女人身態語言學	李常傳譯	130元
㉚摸透女人心	張文志譯	90元
㉛現代戀愛秘訣	王家成譯	70元
㉜給女人的悄悄話	妮倩編譯	90元
㉞如何開拓快樂人生	陸明編譯	90元
㉟驚人時間活用法	鐘文訓譯	80元
㊱成功的捷徑	鐘文訓譯	70元
㊲幽默逗笑術	林振輝著	120元
㊳活用血型讀書法	陳炳崑譯	80元
㊴心　燈	葉于模著	100元
㊵當心受騙	林顯茂譯	90元
㊶心・體・命運	蘇燕謀譯	70元
㊷如何使頭腦更敏銳	陸明編譯	70元
㊸宮本武藏五輪書金言錄	宮本武藏著	100元
㊺勇者的智慧	黃柏松編譯	80元
㊼成熟的愛	林振輝譯	120元
㊽現代女性駕馭術	蔡德華著	90元
㊾禁忌遊戲	酒井潔著	90元
㊾摸透男人心	劉華亭編譯	80元
㊾如何達成願望	謝世輝著	90元
㊾創造奇蹟的「想念法」	謝世輝著	90元
㊾創造成功奇蹟	謝世輝著	90元
㊾男女幽默趣典	劉華亭譯	90元
㊾幻想與成功	廖松濤譯	80元
㊾反派角色的啟示	廖松濤編譯	70元
㊾現代女性須知	劉華亭編著	75元
㊾機智說話術	劉華亭編譯	100元
㊾如何突破內向	姜倩怡編譯	110元
㊾讀心術入門	王家成編譯	100元
㊾如何解除內心壓力	林美羽編著	110元
㊾取信於人的技巧	多湖輝著	110元
㊾如何培養堅強的自我	林美羽編著	90元
㊾自我能力的開拓	卓一凡編著	110元
㊾縱橫交涉術	嚴思圖編著	90元
㊾如何培養妳的魅力	劉文珊編著	90元
㊾魅力的力量	姜倩怡編著	90元
㊾金錢心理學	多湖輝著	100元
㊾語言的圈套	多湖輝著	110元

⑮個性膽怯者的成功術	廖松濤編譯	100元
⑯人性的光輝	文可式編著	90元
⑲培養靈敏頭腦秘訣	廖玉山編著	90元
⑳夜晚心理術	鄭秀美編譯	80元
㉑如何做個成熟的女性	李玉瓊編著	80元
㉒現代女性成功術	劉文珊編著	90元
㉓成功說話技巧	梁惠珠編譯	100元
㉔人生的真諦	鐘文訓編譯	100元
㉕妳是人見人愛的女孩	廖松濤編著	120元
㉗指尖・頭腦體操	蕭京凌編譯	90元
㉘電話應對禮儀	蕭京凌編著	120元
㉙自我表現的威力	廖松濤編譯	100元
㉚名人名語啟示錄	喬家楓編著	100元
㉛男與女的哲思	程鐘梅編譯	110元
㉜靈思慧語	牧　風著	110元
㉝心靈夜語	牧　風著	100元
㉞激盪腦力訓練	廖松濤編譯	100元
㉟三分鐘頭腦活性法	廖玉山編譯	110元
㊱星期一的智慧	廖玉山編譯	100元
㊲溝通說服術	賴文琇編譯	100元
㊳超速讀超記憶法	廖松濤編譯	140元

・健康與美容・電腦編號04

①B型肝炎預防與治療	曾慧琪譯	130元
③媚酒傳（中國王朝秘酒）	陸明主編	120元
④藥酒與健康果菜汁	成玉主編	150元
⑤中國回春健康術	蔡一藩著	100元
⑥奇蹟的斷食療法	蘇燕謀譯	110元
⑧健美食物法	陳炳崑譯	120元
⑨驚異的漢方療法	唐龍編著	90元
⑩不老強精食	唐龍編著	100元
⑫五分鐘跳繩健身法	蘇明達譯	100元
⑬睡眠健康法	王家成譯	80元
⑭你就是名醫	張芳明譯	90元
⑮如何保護你的眼睛	蘇燕謀譯	70元
⑲釋迦長壽健康法	譚繼山譯	90元
⑳腳部按摩健康法	譚繼山譯	120元
㉑自律健康法	蘇明達譯	90元
㉓身心保健座右銘	張仁福著	160元
㉔腦中風家庭看護與運動治療	林振輝譯	100元

㉕秘傳醫學人相術	成玉主編	120元
㉖導引術入門(1)治療慢性病	成玉主編	110元
㉗導引術入門(2)健康・美容	成玉主編	110元
㉘導引術入門(3)身心健康法	成玉主編	110元
㉙妙用靈藥・蘆薈	李常傳譯	150元
㉚萬病回春百科	吳通華著	150元
㉛初次懷孕的10個月	成玉編譯	130元
㉜中國秘傳氣功治百病	陳炳崑編譯	130元
㉟仙人長生不老學	陸明編譯	100元
㊱釋迦秘傳米粒刺激法	鐘文訓譯	120元
㊲痔・治療與預防	陸明編譯	130元
㊳自我防身絕技	陳炳崑編譯	120元
㊴運動不足時疲勞消除法	廖松濤譯	110元
㊵三溫暖健康法	鐘文訓編譯	90元
㊸維他命與健康	鐘文訓譯	150元
㊺森林浴—綠的健康法	劉華亭編譯	80元
㊼導引術入門(4)酒浴健康法	成玉主編	90元
㊽導引術入門(5)不老回春法	成玉主編	90元
㊾山白竹（劍竹）健康法	鐘文訓譯	90元
㊿解救你的心臟	鐘文訓編譯	100元
51牙齒保健法	廖玉山譯	90元
52超人氣功法	陸明編譯	110元
54借力的奇蹟(1)	力拔山著	100元
55借力的奇蹟(2)	力拔山著	100元
56五分鐘小睡健康法	呂添發撰	120元
57禿髮、白髮預防與治療	陳炳崑撰	120元
59艾草健康法	張汝明編譯	90元
60一分鐘健康診斷	蕭京凌編譯	90元
61念術入門	黃靜香編譯	90元
62念術健康法	黃靜香編譯	90元
63健身回春法	梁惠珠編譯	100元
64姿勢養生法	黃秀娟編譯	90元
65仙人瞑想法	鐘文訓譯	120元
66人蔘的神效	林慶旺譯	100元
67奇穴治百病	吳通華著	120元
68中國傳統健康法	靳海東著	100元
69下半身減肥法	納他夏・史達賓著	110元
70使妳的肌膚更亮麗	楊　皓編譯	100元
71酵素健康法	楊　皓編譯	120元
73腰痛預防與治療	五味雅吉著	100元
74如何預防心臟病・腦中風	譚定長等著	100元

⑮	少女的生理秘密	蕭京凌譯	120元
⑯	頭部按摩與針灸	楊鴻儒譯	100元
⑰	雙極療術入門	林聖道著	100元
⑱	氣功自療法	梁景蓮著	120元
⑲	大蒜健康法	李玉瓊編譯	100元
㉛	健胸美容秘訣	黃靜香譯	120元
㉜	鍺奇蹟療效	林宏儒譯	120元
㉝	三分鐘健身運動	廖玉山譯	120元
㉞	尿療法的奇蹟	廖玉山譯	120元
㉟	神奇的聚積療法	廖玉山譯	120元
㊱	預防運動傷害伸展體操	楊鴻儒編譯	120元
㊳	五日就能改變你	柯素娥譯	110元
㊴	三分鐘氣功健康法	陳美華譯	120元
㊵	痛風劇痛消除法	余昇凌譯	120元
㊶	道家氣功術	早島正雄著	130元
㊷	氣功減肥術	早島正雄著	120元
㊸	超能力氣功法	柯素娥譯	130元
㊹	氣的瞑想法	早島正雄著	120元

•家庭／生活•電腦編號05

①	單身女郎生活經驗談	廖玉山編著	100元
②	血型•人際關係	黃靜編著	120元
③	血型•妻子	黃靜編著	110元
④	血型•丈夫	廖玉山編譯	130元
⑤	血型•升學考試	沈永嘉編譯	120元
⑥	血型•臉型•愛情	鐘文訓編譯	120元
⑦	現代社交須知	廖松濤編譯	100元
⑧	簡易家庭按摩	鐘文訓編譯	150元
⑨	圖解家庭看護	廖玉山編譯	120元
⑩	生男育女隨心所欲	岡正基編著	160元
⑪	家庭急救治療法	鐘文訓編著	100元
⑫	新孕婦體操	林曉鐘譯	120元
⑬	從食物改變個性	廖玉山編譯	100元
⑭	藥草的自然療法	東城百合子著	200元
⑮	糙米菜食與健康料理	東城百合子著	180元
⑯	現代人的婚姻危機	黃　靜編著	90元
⑰	親子遊戲　0歲	林慶旺編譯	100元
⑱	親子遊戲　1～2歲	林慶旺編譯	110元
⑲	親子遊戲　3歲	林慶旺編譯	100元
⑳	女性醫學新知	林曉鐘編譯	130元

㉑媽媽與嬰兒	張汝明編譯	180元
㉒生活智慧百科	黄　靜編譯	100元
㉓手相・健康・你	林曉鐘編譯	120元
㉔菜食與健康	張汝明編譯	110元
㉕家庭素食料理	陳東達著	140元
㉖性能力活用秘法	米開・尼里著	150元
㉗兩性之間	林慶旺編譯	120元
㉘性感經穴健康法	蕭京凌編譯	150元
㉙幼兒推拿健康法	蕭京凌編譯	100元
㉚談中國料理	丁秀山編著	100元
㉛舌技入門	增田豐　著	160元
㉜預防癌症的飲食法	黄静香編譯	150元
㉝性與健康寶典	黄静香編譯	180元
㉞正確避孕法	蕭京凌編譯	130元
㉟吃的更漂亮美容食譜	楊萬里著	120元
㊱圖解交際舞速成	鐘文訓編譯	150元
㊲觀相導引術	沈永嘉譯	130元
㊳初為人母12個月	陳義譯	180元
㊴圖解痲將入門	顧安行編譯	160元
㊵痲將必勝秘訣	石利夫編譯	160元
㊶女性一生與漢方	蕭京凌編譯	100元
㊷家電的使用與修護	鐘文訓編譯	160元
㊸錯誤的家庭醫療法	鐘文訓編譯	100元
㊹簡易防身術	陳慧珍編譯	130元
㊺茶健康法	鐘文訓編譯	130元
㊻雞尾酒大全	劉雪卿譯	180元
㊼生活的藝術	沈永嘉編著	120元
㊽雜草雜果健康法	沈永嘉編著	120元
㊾如何選擇理想妻子	荒谷慈著	110元
㊿如何選擇理想丈夫	荒谷慈著	110元
51中國食與性的智慧	根本光人著	150元
52開運法話	陳宏男譯	100元
53禪語經典＜上＞	平田精耕著	150元
54禪語經典＜下＞	平田精耕著	150元
55手掌按摩健康法	鐘文訓譯	180元
56脚底按摩健康法	鐘文訓譯	150元
57仙道運氣健身法	高藤聰一郎著	150元
58健心、健體呼吸法	蕭京凌譯	120元
59自彊術入門	蕭京凌譯	120元
60指技入門	增田豐著	160元
61下半身鍛鍊法	增田豐著	180元

㊷表象式學舞法	黃靜香編譯	180元
㊸圖解家庭瑜伽	鐘文訓譯	130元
㊹食物治療寶典	黃靜香編譯	130元
㊺智障兒保育入門	楊鴻儒譯	130元
㊻自閉兒童指導入門	楊鴻儒譯	180元
㊼乳癌發現與治療	黃靜香譯	130元
㊽盆栽培養與欣賞	廖啟新編譯	180元
㊾世界手語入門	蕭京凌編譯	180元
㊿賽馬必勝法	李錦雀編譯	200元
(71)中藥健康粥	蕭京凌編譯	120元
(72)健康食品指南	劉文珊編譯	130元
(73)健康長壽飲食法	鐘文訓編譯	150元
(74)夜生活規則	增田豐著	160元
(75)自製家庭食品	鐘文訓編譯	200元
(76)仙道帝王招財術	廖玉山譯	130元
(77)「氣」的蓄財術	劉名揚譯	130元
(78)佛教健康法入門	劉名揚譯	130元
(79)男女健康醫學	郭汝蘭譯	150元
(80)成功的果樹培育法	張煌編譯	130元
(81)實用家庭菜園	孔翔儀編譯	130元
(82)氣與中國飲食法	柯素娥編譯	130元
(83)世界生活趣譚	林其英著	160元
(84)胎教二八〇天	鄭淑美譯	180元
(85)酒自己動手釀	柯素娥編著	160元
(86)自己動「手」健康法	手嶋曻著	160元
(87)香味活用法	森田洋子著	160元
(88)寰宇趣聞搜奇	林其英著	200元

・命理與預言・電腦編號06

①星座算命術	張文志譯	120元
②中國式面相學入門	蕭京凌編著	180元
③圖解命運學	陸明編著	200元
④中國秘傳面相術	陳炳崑編著	110元
⑤輪迴法則（生命轉生的秘密）	五島勉著	80元
⑥命名彙典	水雲居士編著	180元
⑦簡明紫微斗術命運學	唐龍編著	130元
⑧住宅風水吉凶判斷法	琪輝編譯	180元
⑨鬼谷算命秘術	鬼谷子著	150元
⑩密教開運咒法	中岡俊哉著	250元
⑪女性星魂術	岩滿羅門著	200元

國家圖書館出版品預行編目資料

阿闍世的悟道／定方　晟著，劉欣如編譯
——初版——臺北市；大展，民85
面；　公分——（心靈雅集；55）
譯自：阿闍世のさとリ
ISBN 957-557-654-3（平裝）

1.方等部

221.33　　85012048

AJASE NO SATORI by Akira Sadakata

Original Japanese edition
published by Jimbun Shoin
Chinese translation rights
arranged with Jimbun Shoin
through Japan Foreign-Rights Centre/Hongzu Enterprise Co., Ltd.

阿闍世的悟道　ISBN 957-557-654-3

原 著 者／定方　晟
編 譯 者／劉　欣　如
發 行 人／蔡　森　明
出 版 者／大展出版社有限公司
社　　址／台北市北投區（石牌）致遠一路二段12巷1號
電　　話／(02) 8236031・8236033
傳　　眞／(02) 8272069
郵政劃撥／0166955－1
登 記 證／局版臺業字第2171號
承 印 者／高星企業有限公司
裝　　訂／日新裝訂所
排 版 者／千兵企業有限公司
電　　話／(02) 8812643
初　　版／1996年（民85年）11月

定　　價／180元

大展好書　好書大展

大展好書 好書大展